날씬한 엄마가
총명한 아이로
키운다

날씬한 엄마가
총명한 아이로
키운다

발행일   2011년 4월 12일
지은이   최준영
펴낸이   하태복

펴낸곳   이가서
주소   서울특별시 마포구 서교동 469-5 정서빌딩 202호
전화   02-336-3502
팩스   02-336-3009

등록번호   제10-2539호

ISBN   978-89-5864-288-6 13370

• 가격은 뒤표지에 있습니다.
• 잘못된 책은 바꾸어 드립니다.

날씬한 총명한! 엄마가 아이로 키운다

최준영(여의도 화인한의원 원장) 지음

이가서
Leegaseo publishing

우리 역사 최고의 명의와
감히 견주고 싶어지는 이유

고맙습니다.

낮밤 없이 촬영하다 몸 반쪽이 마비됐던 연출자 곁에
카메라의 중량감으로 인해 늘 어깨가 녹아나던 카메라맨의 곁에
두 평 남짓한 방에 갇혀 스무 시간 이상 편집에 매달리다
급기야 배를 쥐고 쓰러진 편집자의 곁에
무엇보다
만성피로 증후군, 소화불량, 저혈압, 저혈당 쇼크
일일이 열거할 수 없는 수많은 질환과 질병을 안고 싸우며
살인적인 집필량을 소화해 내고 있는 방송작가들의 곁에
당신이 계셔서 고맙습니다.

치료에 앞서 늘 따뜻한 인사와 위로를 먼저 건네는 당신,
우린 늘 아픈 몸과 함께 지친 마음도 치료를 받았습니다.
그래서 또한 당신이 고맙습니다.

이른 새벽도 좋고 늦은 밤도 좋고
'아프다' '힘들다' '어지러워서 원고를 쓸 수가 없다'며
폐가 될 것을 알면서도 우린 아무 때나 전화를 했습니다.
그럼 당신은 그 시간이 언제든 닫았던 병원 문을 열고
웃는 얼굴로 우릴 맞아 주었습니다.
치료를 받고 그 거뜬함에 힘입어 무사히 탈고를 했던 것이 얼마였나.
그날들이 너무 많아 도무지 헤아릴 수도 없습니다.
당신의 그 한정 없는 수고가 또한 고맙습니다.

그래서인가봅니다.
당신을 우리 역사 최고의 명의와 감히 견주고 싶어지는 이유가.
여의도의 허준, 최준영 선생님.
당신이 계셔서 고맙습니다.
고맙고 든든합니다.

봄이 오는 집필실에서

윤선주

〈불멸의 이순신〉, 〈태양인 이제마〉, 〈대왕세종〉,
〈황진이〉 등 다수의 드라마 집필

엄마는 아이가 따라올 수 있도록
길을 먼저 내는 사람

다이어트와 성적은 이즈음 '슈퍼맘', '알파맘'들의 화두가 되었다. 자녀에 대한 뜨거운 모성애뿐만 아니라 자신들의 인생도 가꿀 줄 아는 열정적인 엄마를 일컫는 오늘날의 신조어가 슈퍼맘이자 알파맘이다.

불과 몇 년 전만 해도 세상에 없던 말이 새롭게 탄생할 정도로 우리 시대 엄마들은 뜨겁다. 열정적이다. 누구보다 능동적으로 행복해지길 원하고 있다. 성적이라면 아이들의 미래와 관계된 것이니 엄마로서 책임을 다하는 것이요, 다이어트는 여전히 한 여성으로서 아름답길 희망하는 바람일 것이다.

성적과 다이어트에 이 시대 엄마들이 관심을 갖는 건 자연스럽고도 지극히 건강한 일이다. 그렇다. 이 이야기는 바로 여러분의 이야기다. 다만 안타까운 것은 그토록 건강한 열망의 틈새를 비집고 들어와 우릴 유혹하는 현란한 상술이다. 단 며칠 만에 다이어트에 성공할 수 있다는 각종 비법과 하루아침에 수험생의 두뇌가 비상하

게 총명해진다는 특효약들, 그 달콤한 속삭임과 화려한 손짓 앞에
서 그저 아이들과 행복한 삶을 원했던 우리 엄마들의 소박한 열망
은 어느새 더 높은 성적, 더 날씬한 몸매를 원하는 욕망으로 가속
페달을 밟은 채 무한질주를 거듭하는 중이다.

　오늘 아침 당신의 수첩을 잠시 들여다보았다. 작은 수첩에는 아
이들의 학원 스케줄과 시험 시간표만이 빼곡했다. 과연 맹모도 부
끄러워 명함을 내밀지 못할 신현모양처의 시대가 분명했다. 그러나
엄마의 역할이 학습 컨설턴트에만 그친다면 그것은 틀림없는 직무
유기다. 엄마는 성적을 관리하는 학습 컨설턴트가 아니다. 그보다
먼저 건강한 인생을 물려줘야 할 의무가 있는 이들이다.

　그대, 혹 알고 있는가? 다이어트와 두뇌개발은 한 뿌리에서 자란
꽃과 열매라는 사실을……. 날씬한 엄마, 총명한 아이가 되는 길은
병원이나 피트니스 클럽, 학원에서가 아닌 가정에서, 바로 우리들
의 부엌에서 시작할 수 있다는 것을……. 게다가 결코 어려운 일도,

돈이 많이 드는 일도 아니라면?

그대는 묻고 싶을 것이다. ‘그 역시 저 넘쳐나는 상술과 현란한 유혹에 한 자락 보태는 일이 아니냐’고. 나는 대답한다. 애석하게도 이 세상 그 어디에도 건강으로 가는 지름길과 특효약은 존재하지 않는다고. 나는 그저 앞만 보며 걸어가기 바쁜 그대들의 발걸음을 잠시 붙잡아 두고자 한다. 우리가 진정 달려가야 할 곳은 어디인지 한 번쯤 생각해보자고 나지막이 물어볼 생각이다. 조곤조곤 옛 어른들의 이야기도 들려줄 생각이다.

열 일 제쳐두고 건강한 삶을 선택하자. 무분별한 다이어트 광고와 현란한 문구의 총명탕에 현혹되지 말자. 바른 삶의 자세를 익혀 나가자. 그렇게 걷다 보면 그대는 어느샌가 날씬한 엄마가 되어 있을 것이다. 또한 그대가 품어낸 아이는 누구보다 총명한 아이로 자라 있을 것이다.

머리를 맞대고 고민을 나누듯 이 책을 쓰기 시작했다. 팔을 걷어

붙이고 그대들의 버거운 짐을 나누어 지듯 이 책을 썼다. 언제나 아름다운 그대들과 총명한 내 아이들을 응원하는 마음으로 나는 이 책을 써 내려갔다. 그것이 한의사이기 이전에 그대들과 한지붕을 이고 살아가는 남편으로서, 그대 못지않게 우리 아이들을 사랑하는 아버지로서의 소명이라 믿기 때문에.

차 례

02 날씬한 엄마를 위하여

비만의 유형과 그에 따른 생활 속의 관리법

날씬한 몸을 위해 가벼운 마음부터

비만치료, 해독을 동시에 할 수 있는 세 가지 방법

03 총명한 아이를 위하여

아이들의 공부를 방해하는 적

우리 아이는 어떤 체질인가

04 총명한 아이를 위한 첫 걸음

태교

육아

옛 어른들은 집안을 가지런히 다스림을 모든 일의 근본으로 여겼으며 그렇게 하기 위해서는 먼저 자신을 바로 세움, 즉 수신修身을 가장 중요하게 여겼다. 그리고 그 자신을 바로 세움은 그 뜻을 성실히 함, 그리고 그 지식을 지극히 하는 것과 모두 한 가지인 것으로 여긴 것이다. 여기서 말하는 지식, 앎이라는 것은 단편적인 정보의 습득만이 아닌 자신을 바로 세우는 데 필요한 모든 도리까지 포함되는 것이다. 나 자신을 바로 세우는 것, 나의 몸과 마음을 건강하게 가꾸는 것, 내가 먹어보니 건강해지는 것을 아이에게 먹이고, 내가 해보니 좋은 습관들을 아이에게 보여주고, 아이가 하지 말아야 하는 행동은 내가 먼저 하지 않는 것, 이러한 것들이 근본이 되어야 한다. 이런 것들에 관심을 둔 이후에 다양한 정보와 방법들을 조금씩 습득해 나간다면 그야말로 법도에 가까워질 수 있을 것이다.

날씬한 엄마가 총명한 아이로 키운다

01

康皐曰 如保赤子라 하니

心誠求之면 雖不中이나 不遠矣니

未有 學養子而后에 嫁者也니라

강고에 이르기를 갓난아기를 보호하는 것같이 하라고 했으니 마음으로 정성스럽게 찾으면 비록 딱 들어맞지는 않는다 하더라도 많이 벗어나지는 않을 것이니, 자식 기르는 법을 배운 뒤에 시집 가는 사람은 없느니라.

《대학大學》

아이 키운 것을 배운 뒤에 시집 가는 사람은 없지만 정성과 사랑으로 키우다 보면 아이들이 잘 크는 것처럼 일을 행함에 마음을 다해 성실히 해야 함을 강조하신 옛 말씀이다.

아이 키우는 데 가장 필요한 것은 무엇일까? 옛 성인의 말씀처럼 그저 사랑과 정성만 있으면 가능할까? 시작이 조금 무겁지만 《대학》의 구절을 하나 더 들어보자.

古之欲明明德於天下者는 先治其國하고

欲治其國者는 先齊其家하고

欲齊其家者는 先修其身하고

欲修其身者는 先正其心하고

欲正其心者는 先誠其意하고

欲誠其意者는 先致其知하니

致知는 在格物이니라.

옛날에 밝은 덕을 천하에 밝히고자 하는 사람은 먼저 그 나라를 다스리고, 그 나라를 다스리고자 하는 사람은 먼저 그 집을 가지런히 하고, 그 집을 가지런히 하고자 하는 사람은 먼저 그 자신을 잘 다스려야 하고, 그 자신을 잘 다스리고자 하는 사람은 먼저 그 마음을 바르게 해야 하며, 그 마음을 바르게 하고자 하는 사람은 먼저 그 뜻을 성실하게 해야 하고, 그 뜻을 성실하게 하고자 하는 사람은 먼저 그 앎을 지극히 해야 하니, 앎을 지극히 함은 사물의 이치를 궁구함에 있느니라.

《대학大學》

옛 어른들은 집안을 가지런히 다스림을 모든 일의 근본으로 여겼으며 그렇게 하기 위해서는 먼저 자신을 바로 세움, 즉 수신修身을 가장 중요하게 여겼다. 그리고 그 자신을 바로 세움은 그 뜻을 성실히 함, 그리고 그 지식을 지극히 하는 것과 모두 한 가지인 것으로 여긴 것이다. 여기서 말하는 지식, 앎이라는 것은 단편적인 정보의 습득만이 아닌 자신을 바로 세우는 데 필요한 모든 도리까지 포함되는 것이다.

'아이 키우고 몸 건강히 하는 데 뭔 천하를 다스림이 나오고 수신제가 치국평천하의 원리가 나오는 걸까?'

이렇게 의아하게 생각하시는 분 많이 계실 것이다.

'知所先後면 近道矣'라.

　선후를 바로 알면 도에 가깝다고 하였다. 바로 아이 키우는 법도 그 선후와 본말이 무엇인지 알면 정도에 가깝다는 것이다. 나 자신을 바로 세우는 것, 나의 몸과 마음을 건강하게 가꾸는 것, 내가 먹어보니 건강해지는 것을 아이에게 먹이고, 내가 해보니 좋은 습관들을 아이에게 보여주고, 아이가 하지 말아야 하는 행동은 내가 먼저 하지 않는 것, 이러한 것들이 근본이 되어야 한다. 이런 것들에 관심을 둔 이후에 다양한 정보와 방법들을 조금씩 습득해 나간다면 그야말로 법도에 가까워질 수 있을 것이다.

　나 역시 두 아이를 키우는 아버지로서 너무나 많은 시행착오가 있었음을 인정하지 않을 수 없다. 갓 서른을 넘긴 나이는 한 아이의 아버지가 되기에는 너무나 미숙했고 너무나 아는 것이 없었다. 그저 남들 다 하니까 때 되어 좋은 사람이 있으면 결혼하고, 남들 다 하니까 때가 되면 아이 낳아 그저 그렇게 열심히 키우면 되는 줄 알았다.

　돌이켜보면 아이들한테 너무 미안한 것이 많다. 진료실에서 나와 비슷한 시행착오를 겪고 있는 부모들을 많이 만나게 된다. 초보지만 그래도 뭐 좀 안다는 한의사도 그렇게 많은 시행착오를 겪었으니 일반인들은 오죽하랴! 그들에게 해주고 싶었으나 시간적 공간적 제약으로 미처 다 해주지 못했던 이야기들을 옮겨 보고자 한다.

날씬한 엄마와 총명한 아이를 위한 첫 번째 문제

담음

십병구담

비만과 담음, 두뇌와 담음의 관계

담음이 생기는 원인

담음이 안 생기게 하려면?

담음을 없애는 음식

"최근 두 달 사이에 갑자기 살이 6킬로그램이나 늘었어요. 몸은 너무 무겁고 또 피로한데다 머리가 어지럽고, 게다가 아프고 아침이면 일어나는 게 너무 힘들어요."

"많이 부으시죠?"

"아침엔 늘 붓고 저녁이 되면 조금 나아지는가 싶은데 아무래도 부은 게 가라앉지 않고 전부 살이 되는 느낌이에요."

"소화는 어떠세요?"

"자주 매스껍고 신물이 넘어오고 식욕이 불규칙해져서 배가 고프지 않다가 갑자기 배가 고프기 시작해요. 일단 배가 고프면 식욕이 통제가 안 되는 게 문제예요. 특히 밤에 많이 먹게 되는 경우가 많아요. 하지만 전체적으로는 많이 먹는 건 아닌데 먹는 것에 비해 훨씬 살이 많이 찌고 있어요."

"짜증이 많으시겠습니다!"

"예, 짜증이 많아지고 공연히 아이들한테 화를 내고 가끔은 오히려 우울해질 때도 있어요. 대변도 불규칙해지고 피부도 점점 푸석해지고 아무튼 몸이 너무 이상해요. 왜 이런 증상이 생기는 거죠?"

"담음淡飮 때문입니다. 담음이라는 독소가 명치 밑과 복부, 그리고 몸의 경락을 막고 있어서 생기는 증상입니다."

"담음이요? 내시경 검사를 받아도 위는 이상이 없다고 하던데요? 엑스레이 검사로도 이상이 없고요. 혈관도 깨끗하대요……."

“하지만 분명히 있습니다. 횡격막과 폐·심장·간·대장, 그리고 경락에 담음이 있어 신진대사가 되지 않아 찌꺼기가 생기고 이로 인해 살이 찌고 여러 가지 병이 생기는 것입니다.”

“……?”

“담음이라니깐요…….”

이쯤 되면 환자는, 더 이상 이해하기는 어렵지만 의사가 그렇다고 하니까 그런 줄 아는 단계가 된다. 나 역시 완벽한 설명은 어렵다는 것은 알지만 조금이라도 더 이해를 돕기 위해 이런 저런 도표를 그려가며 설명을 하기 일쑤다.

날씬한 엄마가 되고 총명한 아이로 기르기 위한 첫 번째 장에서 웬 담음이란 생소한 단어가 나오는 것일까? 그 이유는 담음에 대한 이해 없이는 날씬한 엄마가 되고 또 총명한 아이를 기를 수 없기 때문이다. 담음이란 한마디로 말하면 찌꺼기, 혹은 독소의 개념이다. 우리 몸에서는 수만 가지 대사가 이루어지고 있는데, 그중 가장 중요한 것이 바로 음식의 대사이다. 먹고 마시지 않고서 우리는 하루도 살 수 없다. 또한 그렇게 먹고 마신 것을 제대로 소화시켜야 하는 것은 너무도 당연하다. 흔히들 음식을 먹고 체하지 않으면 소화가 된다고 생각하지만, 실제로 소화란 너무도 중요하고 복잡하며 정밀한 과정이다. 이 과정에서 여러 가지 문제가 발생하게 되는데, 그중 가장 중요한 것이 바로 앞서 언급한 담음이다.

물론 담음이 소화 과정에서만 만들어지는 것은 아니다. 하지만 담음의 발생은 직·간접적으로 소화와 관계가 있다.

십병구담

담음을 알기 쉽게 설명하자면 자동차의 그을음과 같은 개념이라고 생각하면 이해할 수 있을 것이다.

우선 자동차를 떠올려 보자. 휘발유가 엔진에서 연소되어 자동차를 움직이는데, 이때 좋지 않은 휘발유를 쓰거나 엔진이 노화되었거나, 아니면 엔진과 관계되는 여러 가지 기계 장치에 고장이 발생하거나 연소 시 산소 공급이 제대로 되지 않으면 시커먼 그을음 섞인 배기가스가 나오게 된다. 게다가 그을음이 엔진이나 기타 배기관에 끼면서 이러한 것들이 다시 자동차의 성능을 떨어뜨리는 원인이 되기도 한다.

새 차보다는 오래된 차에서 문제가 많이 생기는 것은 당연한데 어떤 기름이 들어가는지, 또한 어떤 상태로 운전되는지, 기후는 어떤지 등에 따라서도 그을음의 양은 달라질 것이다. 담음도 이와 같은 개념으로 이해하면 된다.

우리가 음식을 먹을 때 안 좋은 음식을 먹거나, 혹은 소화기 계통이 좋지 않거나, 외부의 기후나 환경변화에 우리 몸이 적응이 되어 있지 않거나, 그 외 여러 부속기관이 이 음식의 대사를 조절해주지 못하면 담음이라는 찌꺼기가 생기게 된다. 음식이 좋지 않으면 좋지 않을수록, 몸의 상태가 좋지 않으면 좋지 않을수록 담음은 점점 심해지기 마련이다.

그런데 이 담음은 일단 발생하면 이것 자체가 다시 병의 원인이 되어 우리 몸에 여러 가지 문제를 야기한다. 즉, 일단 어떤 원인에 의해 담음이 발생하면 이것이 원인이 되어 대사기능이 떨어지게 되고, 이로 인해 더욱 많은 담음이 발생하는 악순환이 반복되는 것이다.

그렇지만 제아무리 성능 좋은 자동차라도 그을음이 안 생길 수는 없는 노릇이다. 우리 몸 역시 아무리 건강한 사람이라도 담음은 발생되기 마련이다. 다행스럽게도 우리 몸은 어느 정도의 담음을 처리할 수 있는 능력이 있다. 또한 어느 정도의 담음은 우리 몸에 오히려 유용하게 작용하기도 한다. 하지만 너무 많은 양의 담음이 생기면 우리 몸에서 처리할 수 있는 능력도 떨어지고, 그것이 병의 원인이 되어 여러 가지 다양한 증상을 일으키게 된다.

한의학에서는 이 담음을 아주 중요한 병리적인 원인으로 삼고 있다. 십병구담十病九痰이라는 말이 있을 정도이니 말이다. 10가지 병 중에 9가지는 담음병이라는 뜻이다. 즉, 거의 대부분의 병이 담음이 원인이 되어 생기거나 아니면 병의 발전 과정에서 반드시 담음이 중요한 역할을 하게 되는 것이다.

그런데 이처럼 중요한 개념에 대해 우리는 왜 이토록 생소하게만들리는 것일까? 그 이유는 아마도 담음의 개념에 대해 설명하기 너무 곤란하기 때문일 것이다.

담음은 실제 임상에서 환자를 보는 한의사들이야 수도 없이 만나는 개념이지만, 실제로 환자에게 설명하기에는 어려움이 따른다. 맥을 보아도 구별할 수 있고 증상으로도 알 수 있으며 분명히 드러나는 증후이지만, 서양의학에는 없는 개념이기 때문에 환자들은 너무 생소하고 이해하기 어려운 것이다. 그런 까닭에 한의원에서는 그저 독소, 노폐물, 찌꺼기 등으로 바꾸어 대충 설명하고 넘어가기 일쑤라 알기 어려운 개념이 되어 버린 것이다. 하지만 담음은 어혈과 함께 한방 병리학에서 가장 중요한 병리적 개념 중 한자리를 차지하고 있다.

앞서 말한 바와 같이 담음은 대사과정에서 생기는 병리적인 산물인 동시에 다른 병의 원인이 된다. 비만을 비롯하여 지방간·동맥경화·치매·정신병·종양·우울증 등의 원인이 되며 현대에 이르러서는 병명으로 꼭 집어 알려줄 수는 없지만 뚜렷한 이유 없이 아픈 모든 병의 직·간접적인 원인이 되고 있다.

게다가 우리 몸 여기저기에 질병을 발생시키는 까닭에 그 사기邪氣가 어디로 가느냐에 따라 나타나는 증상도 매우 다양하다. 위장으로 가면 소화장애나 위산과다로 인한 속쓰림, 구역감 등을 일으키고 폐로 가면 가래나 콧물 등을 만들며 머리로 가면 두통을 발생시키고 관절로 가면 솜이 물에 젖는 것처럼 몸을 무겁게 하고 통증을 발생시킨다.

담음의 증상

　다음은 담음으로 일어나는 증상, 혹은 담음이 야기할 수 있는 질병이다. 현대인들이 앓고 있는 만성적 질환 대부분이 포함된다. 물론 이런 증상의 원인이 전적으로 담음만으로 이루어지는 것은 아니지만, 현대의 생활구조상 담음이 차지하는 비중은 갈수록 높아지고 있다.

- 폭비폭수(갑자기 살이 엄청나게 찌거나 빠지는 증상-현대인들에게는 거의 살이 찌는 증상으로 나타나는 경우가 대부분이다)
- 조금만 먹어도 살이 찐다
- 부종, 신중여산(몸이 산처럼 무겁게 느껴짐)
- 두통, 현운, 이명
- 건망증, 심한 기억력 감퇴(노인의 경우 치매)
- 안면경련
- 귀의 가려움
- 관절의 멍울(크고 작은 멍울이 손목이나 기타 관절에 생김)
- 가슴 두근거림이나 가슴의 통증
- 숨참
- 소화장애, 속쓰림
- 매스꺼움, 구토, 멀미, 트림, 신물 넘어옴
- 잇몸이 붓고 아픔

담음의 증상

• 매핵기(목에 뭔가 걸려 삼켜도 넘어가지 않고 뱉어도 뱉어지지 않음)

• 손목이나 발목 관절이 시큰거림

• 온몸에 벌레 기어다니는 것 같은 느낌

• 몸 어딘가에 발생하는 찌르는 듯한 통증

• 허리나 등, 팔다리의 뼈마디가 돌아다니면서 아프다

• 손발 저림

• 한열왕래(열이 올랐다 내렸다 함)

• 불안 · 초조(마음이 안정이 안 됨)

• 전광증(각종 신경정신과적인 증상)

• 우울증

• 불면증 또는 꿈을 많이 꾸게 됨

• 청소년의 집중력 장애

• 술로 인해 야기되는 대부분의 병(숙취 · 구토 · 현운 · 두통 · 지방간 등)

• 중풍

• 담궐증(갑자기 손발이 마비되면서 심한 어지럼증과 함께 쓰러짐)

• 비증(신경통)

• 각기병(퇴행성 혹은 류머티스성 관절염)

• 대변의 불규칙(설사 · 변비가 교대로 나타남)

• 식욕의 불규칙(갑자기 배가 고프고 배가 고프면 참기 어려움)

• 장명(배에서 꼬로록 꼬로록 소리남)

• 냉대하, 외음부 소양증

• 얼굴이 얼룩덜룩해지거나 눈밑이 그을은 듯 검게 나타남(다크 서클)

비만과 담음,
두뇌와 담음의 관계

비만은 기본적으로 담음이 원인이 되어 생긴다. 담음의 증상 가운데 폭비폭수暴肥暴瘦란 말이 나오는데 '갑자기 살이 찌거나 갑자기 마른다'는 뜻이다. 몸에 일단 담음이 생기면 체질에 따라서 갑자기 살이 빠지는 사람이 있는가 하면 갑자기 살이 찌기 시작하는 사람도 있다는 말이다.

실제 환자를 대하다 보면 담음의 병으로 인하여 살이 점점 말라서 오는 사람이 있는가 하면 갑자기 살이 너무 쪄서 병원을 찾는 사람도 많이 있다. 이는 개인의 체질에 따른 차이로써 두 가지 다 문제이며, 살이 찌는 사람도 힘들어하지만 살이 너무 빠지는 사람도 이로 인해 여러 가지 합병증이 생겨 고생하는 경우가 많다.

담음이 비만으로 연결되는 이유는 그것이 체내에서 독소로 작용하기 때문이다. 일단 어떤 원인에 의해 담음이 생기면 이 담음은 몸의 정상적인 대사 기능을 떨어뜨린다. 그리고 대사 기능이 떨어지면 다시 담음이 생기면서 이 담음이 더욱 대사 기능을 떨어뜨리는 악순환이 반복되게 되는 것이다. 이렇게 되면 음식이 정상적인 에너지와 진액으로 만들어지지 않게 되어 기력은 점점 없어지고 피로감이 늘어 활동량이 줄게 되며 대신 몸 안의 노폐물 축적이 점점 많아지게 되어 더욱 살이 찌게 되는 것이다.

비만, 특히 갑자기 살이 찌는 대부분의 경우 이 담음이 원인이 되며 담음의 조절이 비만 치료에 있어 가장 중요한 요소가 된다.

뿐만 아니라 담음은 우리 아이들의 두뇌 활동과도 밀접하게 관련되어 있다. 앞서 엄마의 다이어트와 아이의 두뇌개발이 한뿌리라고 말한 이유가 여기에 있다.

'건망증은 정精과 신神이 부족해서 되는 것이 많고, 또 담痰이 있어서
  되는 것도 있다.'

《동의보감》〈건망문健忘門〉에 나오는 말이다.

과거에는 음식이 항상 귀해 쉽게 영양에 결핍이 오고, 따라서 정(精, 물질적인 에너지원)과 신(神, 정과 기를 바탕으로 하여 나오는 정신에너지)이 부족하여 건망증이 발생하는 경우가 많이 있었지만, 현대에는 오히려 담음이 원인이 되어 나타나는 경우가 많다. 때문에 한방에서 건망증이나 치매를 치료할 때는 반드시 할담(割痰, 담음을 제거한다는 의미) 작용이 있는 약물, 예를 들면 죽력이나 반하·남성 등의 약재가 들어가게 되어 있다.

청소년의 경우 최근에 임상에서 보면 담음이 원인이 되어 머리가

맑지 않고 집중력이 떨어지며 기억력이 좋지 않아서 오는 경우가 많다. 또한 담음은 마음을 불안하게 만들고 초조하게 하며 소화장애·변비·설사 등의 여러 가지 소화기 계통 질병을 야기하여 직·간접적으로 학습에 영향을 주며 체력을 저하시키게 된다.

더욱이 최근 담음은 비만을 야기하는 것은 물론, 이러한 비만으로 인해 2차적으로 성적 조숙을 야기한다든지 비만 자체가 문제가 되어 더욱 공부하기가 어려운 경우가 생긴다든지 하는 문제를 초래하기도 한다.

우리가 일반적으로 널리 알고 있는 총명탕이란 탕제도 사실 주된 구성 약물을 보면 역시 담음을 제거하는 복령과 창포·원지 등이 주약으로 사용된다.

담음이 생기는 원인

그렇다면 이러한 담음은 왜 생기는 것일까? 대부분 여러 가지 원인이 복합적으로 작용하여 오는 것이 많다. 담음의 종류를 알아보면 담음의 원인을 좀 더 정확하게 알 수 있으므로 아래에 소개하고자 한다. 담음이 생기는 원인에 따른 담음의 종류를 분류해보면 다음과 같다.

잘못된 식생활

식적담食積痰

과식 및 폭식 담음을 만들어내는 주된 식습관 중 하나가 바로 과식과 폭식이다. 급작스레 섭취된 음식은 위에 부담을 주게 되는데, 그 양이 지나치면 결국 다 처리하지 못한 찌꺼기가 위장에 남게 되어 이것이 담음을 만들어내는 원인이 된다.

불규칙한 식생활　불규칙한 식습관 역시 위의 기능을 떨어뜨리고 우리가 음식을 소화할 수 있는 여건을 만들어주지 않기 때문에 담음을 만들어낸다. 특히 아침을 굶고 저녁에 많이 먹는 것, 자기 전에 먹는 습관 등이 그러하다.

담음이 잘 만들어지는 음식 섭취　앞서 담음을 그을음에 비유하면서 안 좋은 휘발유가 들어가면 그을음이 많이 생긴다고 한 것처럼 안 좋은 음식이 들어가면 더욱 많은 담음이 생기게 된다. 물론 이 경우 개인의 체질별 특성에 따라 조금 차이를 보이기는 하지만, 일반적으로 담음이 비교적 많이 만들어지는 음식은 다음과 같다.

달고 찐득찐득한 음식　설탕 및 설탕을 함유하고 있는 초콜릿·사탕·과자·생크림·케이크·아이스크림·음료수(콜라·사이다 등)

정제된 음식　흰쌀밥·흰밀가루(국수·빵 등 밀가루 음식)

가공을 많이 거친 음식　햄·소시지 등 가공육, 인스턴트 식품, 햄버거와 같은 각종 패스트 푸드

기타　조미료·인공 감미료·합성보존료·발색제 등 식품첨가물, 튀긴 음식, 특히 여러 번 반복해서 쓰는 기름에 튀긴 음식, 쇼트닝유

성질이 차가운 음식　냉면, 돼지고기, 아이스크림, 회, 생고기 등

술로 인해서 만들어지는 담음을 주담이라고 하는데 술은 담음을 만들어내는 가장 주된 음식 중 한 가지이다. 우리가 숙취를 느끼는 가장 큰 원인은 바로 술이 변화하여 생기는 주담 때문이다. 주담은 구토·복통·두통·현운·기억력 감퇴 등을 일으키며 더 나아가서는 전광(알코올성 치매 및 정신병)이나 소갈(당뇨병)·황달·치질 등의 증상으로 발전하게 된다.

최근 임상에서 보면 여성 분들, 특히 주부들의 음주가 많이 늘어나고 있다는 보고가 적잖다. 처음에는 그저 분위기가 좋아, 혹은 스트레스를 해소한다는 가벼운 마음으로 시작하지만 점점 습관화되어 거의 매일 조금씩이나마 술을 먹는 분들이 많이 생겨나고 있다. 처음 개원하여 임상 경험이 많지 않던 시기에 여성 분들에게 음주 습관을 문진해보지 않아 낭패를 본 적이 간혹 있었다. 자꾸 부으면서 살이 찌고 얼굴에 뭔가 나고 피로감을 호소하는 환자인데 약을 써도 잘 듣지 않아 다시 자세히 문진해보니 주3~4회 정도 술을 즐기는 분이었다. 다시 약을 처방하면서 술을 먹으면 안 되는 이유를 설명하고 술을 끊게 하였더니 과연 증상의 개선이 있었다.

술에는 장사가 없다는 말이 있듯이 술은 과하면 누구에게나 해롭다. 술은 빨리 발산이 되어야 하는데 여성의 경우 발산보다는 수렴의 기운이 강한 생리적 특성 때문에 술이 빨리 발산되지 않아 그 해는 더욱 크다. 담음은 적취(積聚, 종양의 일종)의 원인이 되는데 임상에서 보면 술을 오래 마신 여성 분들은 자궁근종의 발병 확률이 높다. 주담이 오래되면 주독이 쌓이게 되는데, 주독이 쌓이게 되면 술을 더욱 찾게 되는 증상이 나타난다. 소위 '해만 지면 술 생각이 난다'는 분들은 벌써 체내에 주독이 자리잡고 있는 것이다. 또한 여성의 경우 주담이 쌓이면 가장 대표적으로 나타날 수 있는 증상이 얼굴에 뭔가 나기 시작하거나 질 분비물이 많아지는 것이다. 평소 술을 즐기는 여성이라면 이 두 가지를 반드시 체크해 보아야 한다.

정신적인 원인

기담 氣痰

정신적인 스트레스에 의해서 담이 생기는 경우 이것을 기담이라고 한다. 이 정신적인 스트레스는 식적담과 함께 현대인들에게 담음을 일으키는 가장 주된 이유 중 하나이다. 우리가 정신적인 스트레스를 받게 되면 기氣의 흐름에 장애가 생기게 된다. 한방에서는 이를 기울氣鬱·기색氣塞이라고 하는데, 일반적으로 '기가 막힌다'는 표현을 할 때가 바로 이 상태이다.

기가 막히게 되면 기의 승강 출입 작용이 실조되고 신진대사에 장애가 생기면서 습·담·음 등의 노폐물이 생기게 되며 이것이 열을 받아 더욱 진득하게 변화하면서 담음이 되는 것이다.

임상에서 보면 오랜 스트레스를 받으면서 기의 울체가 일어나고, 이로 인해 담음이 생겨 몸이 무겁고 잘 붓고 어지럽고 짜증이 많아지면서 점점 살이 찌는 경우를 흔히 볼 수 있다.

이것 역시 정신적 스트레스의 일종이지만 약간 성질이 다르기 때문에 따로 분리하여 설명하도록 하겠다.

교통사고 이후에 특별히 외상이 없는 가벼운 사고였음에도 불구하고 갑자기 목에 통증이 나타나 목을 돌리지 못하는 경우 우리가 담이 들어서 그런 거라고 하는데, 바로 이 경우가 경담이다.

또한 쇼크처럼 정신적인 충격을 받을 경우 갑자기 정신을 잃고 쓰러진다든지 하는데 역시 담이 급격히 혈맥을 막아서 발생하는 증상이다.

풍, 한, 습, 열 등의 사기

하늘에 존재하는 여섯 가지 기운을 육기(六氣, 풍·한·서·습·조·화)라 하는데 우리 몸에 들어올 경우 다양한 증상을 일으키는 사기邪氣로써 작용하게 된다. 또한 이러한 기운은 외부에서 들어오는 것만이 아닌 내부에서 만들어져 병을 일으키기도 하는데, 이러한 사기들이 담음을 유발하거나, 혹은 사기가 내부의 담음과 결합하여 독특한 양태의 증상으로 나타나는 경우를 말한다.

풍담風痰

풍사가 들어와 담음을 유발하거나 풍사가 체내의 담음과 결합하여 경련, 마비, 의식혼미 등의 독특한 증상을 일으키는 경우이다.

중풍이 대표적인 증상이며 소아의 경기, 간질 등도 풍담에 의한 경우이다.

한담寒痰

한사가 들어오게 되면 기의 흐름에 장애가 생기고 또한 체내 양기를 손상시켜 담음을 유발하게 된다. 주된 증상은 골비骨痺라고 하여 사지관절을 움직이지 못하거나 관절이 아픈 증상을 나타낸다. 일반적인 관절염의 경우 이 한담에 의한 것이 많다.

습담濕痰

외부의 습한 기운이 들어와 담이 되거나 담과 습이 합쳐져서 병을 일으킨 경우이다. 특징은 몸이 붓고 무거우며 나른하고 노곤하다. 비만의 경우 이 습담이 원인이 되어 생기는 경우가 가장 많은데, 특히 내부에서 만들어진 습한 기운에 의해 습담이 되고 이 습담이 신진대사에 장애를 일으켜 비만을 유발하는 주된 원인이 되기도 한다. (pp. 87~104 '비만의 네 가지 유형' 참고)

열담熱痰

담음이 오래되면서 뜨거운 성질을 갖게 되거나 외부 열사가 침입한 경우, 혹은 지나친 감정의 변화가 화火의 기운으로 작용하면서 담음과 결합하여 증상을 나타내는 경우이다. 가슴이 답답하고 몸에 번열煩熱이 있으며 머리와 얼굴이 달아오를 때가 많고 눈시울이

짓무르고 목구멍이 막히며 속이 쓰리고 아프면서 답답하고 가슴이 두근두근 뛰는 증상을 나타낸다. 심하면 정신이 혼미해져 미친 사람처럼 되는데 전광(정신질환)증의 주된 원인이 된다. 또한 이 열담 역시 습담과 함께 비만을 유발하는 주된 원인 중 하나가 되는데, 특히 고도비만의 경우 이 열담에 의한 경우가 많다.

이처럼 여러 가지 원인에 의해 담음이 발생하지만 가장 일반적으로 생기는 원인은 음식에 의한 것과 칠정七情 ; 喜·怒·憂·思·悲·恐·驚에 의한 것이 대부분이다. 예를 들면 어떤 감정적인 원인에 의해 스트레스를 많이 받은 상태에서 음식을 과식한다든지 좋지 않은 음식을 먹으면 이때 담음이 많이 생기게 된다.

담음이 안 생기게 하려면?

몸을 따뜻하게 할 것

담음은 일종의 수독水毒이라고 앞서 설명하였다. 즉 우리가 먹고 마시는 모든 것이 제대로 대사되지 않아 독소로 작용하는 것이다.

물을 말리는 데는 따뜻한 기운이 최고이다. 여름에 날이 습하고 실내 습도가 높으면 일시적으로 방을 따뜻하게 하는 원리와 같다. 몸이 따뜻한 사람은 담음이 생기지 않고, 또 생긴다 하더라고 금방 삭는다.

《동의보감》에 "양기陽氣는 하늘의 해와 같은데 이것이 작용하지 못하면 수명이 짧아지며 몸이 튼튼하지 못하게 된다"고 되어 있다. 또한 "양陽이 허하고 신장腎臟이 차면 차가운 담이 넘쳐 오르기 때문에 어지럼증이 나고 숨이 차며 기운이 치밀어 오르는데……"라는 구절이 나온다. 하늘에 해가 뜨면 땅에 물기가 마르듯이 따뜻한 기운, 즉 양기는 담음을 예방하고 치료하는 첫 번째 원리이자 이치다. 또 하나 비유해 보자면 불을 때주지 않으면 밥이 익지 않는다. 아랫배가 따뜻하지 않으면 위장에서 음식을 삭이지 못해 담음이 생기게 되는 것이다.

그렇다면 어떻게 하면 몸을 따뜻하게 할 수 있을까?

첫째, 먼저 찬 기운을 멀리해야 한다. 몸이 차다고 느끼는 분들은 항상 몸의 체온을 유지하는 데 유의하여야 한다. 몸을 차게 하는 데는 겨울보다 오히려 여름에 주의해야 한다. 여름은 몸의 겉부분이 뜨거워지고 상대적으로 몸 속은 차가워지기 때문에 냉기가 더 잘 들어간다. 더욱이 현대에는 과도한 냉방으로 인하여 찬 기운에 노출이 많이 되기 때문에 여름에 들어간 냉기가 원인이 되어 생기는 질병이 많다. 의서에서도 양기를 기르기에는 겨울보다 여름이 좋다고 하여 여름에 냉기를 주의할 것을 당부하고 있다.

둘째, 따뜻한 음식을 먹는다. 약에도 기미가 있어 따뜻한 약과 찬 약이 있듯이 음식에도 따뜻하고 찬 성질의 음식이 따로 있다. 그 차이는 음식은 약처럼 한열의 차이가 크지 않다는 것뿐이다. 우리가 일상생활에서 흔히 접하는 음식 중 따뜻한 성질의 음식과 차가운 성질의 음식은 다음과 같다.

몸을 따뜻하게 하는 음식　천일염, 식물성 기름, 뿌리채소류(무·우엉·당근 등), 젓갈, 파, 명란, 양파, 된장, 부추, 간장, 마늘, 생강, 소고기, 닭고기, 고추, 달걀, 청주(소량인 경우; 술은 많이 마시면 차가워진다), 어패류.

몸을 차게 하는 음식 우유, 두유, 식초, 설탕, 마요네즈, 과일, 잎채소, 두부, 가지, 토마토, 콩나물, 과자류, 청량음료, 돼지고기, 맥주, 위스키, 커피, 녹차.

셋째, 지속적인 운동은 체온을 올리고 몸을 따뜻하게 유지하는 데 도움이 된다. 하루 40분에서 한 시간 정도의 운동을 생활화하면 몸을 따뜻하게 하는 데 도움이 된다. 또한 반신욕도 체온을 높이는 데 도움이 된다.

비위를 튼튼히 할 것

비위란 비장과 위장, 즉 소화기관을 의미한다. 한방에서는 위장이 음식을 받아들여 일단 소화를 시키면 비장이 이것을 진액의 형태로 만들어 온몸으로 운송한다고 본다. 우리가 일반적으로 '비위 상한다'는 표현을 쓰는데 이때 쓰는 비위가 이를 의미하는 것이다.

위장이 하는 역할은 음식을 받아들여 소화를 시키는 것이고 비장이 하는 역할은 소화시킨 음식을 받아 진액화한 뒤 온몸으로 보내주는 것이다. 따라서 이 두 장기의 역할은 담음의 생성과 제거에 아주 중요한 역할을 한다.

그렇다면 어떻게 하면 비위를 튼튼히 할 수 있을까?

위는 맑고 부드러운 기운이 있으니 사람이 그것에 의지하여 살아

간다. 만약 머리를 많이 써서 신이 피로하거나 일을 많이 하여 몸
이 고통스럽거나 욕심을 줄이지 못하거나 생각을 이루지 못하거나
음식이 적당하지 않거나 약을 잘못 먹으면 모두 몸을 상할 수 있
다. 몸이 상한 뒤에는 반드시 조리하고 보해야 한다. 부끄러운 줄
을 모르고 마음대로 금기를 범하면 오래 앓았던 증상이 다 사라지
기 전에 새로운 증상이 매일 쌓인다.

배고플 때 음식을 제대로 먹지 못하여 위기가 텅 빈 것은 부족한
것으로 참으로 절도를 잃은 것이다. 음식을 많이 먹고 체하여 위기
가 상한 것은 부족한 가운데 남아도는 것이 함께 있어 역시 절도
를 잃은 것이다.

《비위론》(이동원)

비위를 튼튼히 하는 방법은 기본적으로 때에 맞추어 알맞게 먹는
것이다. 그 외 지켜야 할 것이 머리를 너무 많이 쓰는 것, 과도한
욕심을 부리는 것, 과로하는 것 그리고 생각이 너무 많은 것이다.
우리 몸은 단순한 육체가 아니다. 우리 몸은 정신과 밀접한 관계가
있으며 정신에너지의 과도한 소모는 곧바로 신체적 증상과 연계되
는데, 그중 위는 가장 많이 손상받는 장기 중의 하나이다. 그리고
마지막으로 약을 잘못 먹으면 안 된다는 것을 강조하는데, 여기서
말하는 약은 한약과 양약 모두 포함되는 것이다. 적절한 진료 없이
무분별하게 한약을 복용하는 것, 효과가 확실하지 않은데 광고만

보고 무턱대고 건강식품을 복용하는 것은 정말 위험한 일이다. 또한 현대인들은 여러 가지 양약을 복용하고 있는데, 인체의 자연 치유력을 무시한 채 너무 쉽게 양약을 복용하는 경향이 있다.

이러한 것들이 모두 위기를 손상시키는 원인이 된다. 꼭 먹어야할 약이라면 모르겠지만 엄마와 아이 모두 무슨 약이든 복용하기전에 신중을 기해야 할 것이다.

먹지 말아야 할 음식을 먹지 말 것

얼마 전, 비만 상담을 위해 중학교 1학년 된 여자 아이와 엄마가 내원하였다.

"살을 빼고 싶어요."

"에이~ 전체적으로 통통하긴 하지만 병적인 비만은 절대 아닌데……."

"아니에요. 빼야 돼요. 숨겨진 곳에 살이 얼마나 많이 있는데요."

"그래? 어디?"

"배하고 허벅지요. 저는 스키니 진 한 번 입어보는 것이 제 평생의 소원이에요."

"그렇구나…… 평생의 소원이면 빼야지…… 그런데 너 혹시 통닭 좋아하니?"

"예!? 너무 좋아해요. 어려서부터 무척 먹었고 최근에도 자주 먹는데요. 그런데 그걸 어떻게 아셨어요?"

"척 보면 알지! 그런데 통닭이 다이어트의 적이라는 것을 몰랐니?"

"워낙 고기를 좋아해요. 그런데 닭고기는 고기 중에서는 지방이 적고 단백질 함량이 높아 다이어트에 좋다고 해서 먹었는데…… 그래서 살이 찌기 시작하면서부터는 가슴살만 주로 먹었어요."

"닭고기도 문제지만 닭고기를 튀기는 기름이 더 문제야. 너 혹시 닭 튀기는 기름 봤니?"

"아니요……."

얼마 전 한 티브이 방송 프로에서 치킨집에서 사용하는 기름에 대해 취재한 적이 있다. 통닭집에서 쓰는 기름을 수거해 조사해보니 검사 결과 기름의 산화 정도가 기준치인 산가 2.5 이상인 곳이 절반이나 되었고, 심지어 발암 물질인 벤조피렌이 검출된 곳까지 있었다고 보도하였다. 뿐만 아니라 일부 치킨 전문점에서는 공업용 윤활유 정도로밖에 사용할 수 없을 정도로 산화가 심한 기름들이 튀김용 기름으로 사용되고 있었다.

산화란, 쉽게 말하면 '썩는다'는 의미이다. 즉 썩어서 쓸 수 없는 기름으로 통닭을 튀겨내고 있는 것이다.

모든 기름은 일단 공기와 열에 접촉하는 순간부터 산화 과정을 시작하기 때문에 한두 번 쓴 기름은 버리든지 동물사료용이나 비누 등으로 재활용되어져야 하는 것이다. 하지만 기름 한 번 쓰고 버리는 치킨집이 과연 어디 있겠는가?

필자가 의과 대학을 다닐 때 치킨 가게를 하는 친구 집에 놀러 간 적이 있었다. 그 친구가 그 학기 성적 장학생으로 장학금을 받아서 한턱내기로 해서였다. 그 집에서 통닭을 튀겨 주는데 이건 평소 먹던 통닭 색깔이 아니었다. 물론 맛도 현저히 차이가 났다.

평소 튀김 음식을 먹으면 소화가 안 되어 통닭은 한두 쪽 이상 거의 먹지 않았지만, 그날은 많이 먹어도 속도 편하고 좋았던 기억이 있다.

이 일 이후 관심을 가지고 알아보니 이 튀김용 기름에는 엄청난 문제가 있다는 것을 알게 되었다. 방송이 나가기 전부터도 평소 환자들에게, 특히 청소년이나 비만 치료를 받고자 하는 환자에게 가장 금하여야 하는 음식으로 튀김 음식, 특히 통닭을 권하고 있다.

이러한 산패된 기름이 바로 담음을 만드는 주범 중 하나이다. 이런 음식을 섭취하면 우리 몸에서는 썩은 기름 성분을 처리하기 위해 엄청난 에너지를 소모하게 되고, 내부 장기에 찌꺼기를 쌓아두게 되며 숙변을 만들고 혈액을 탁하게 만들며 간에 엄청난 부담을 주게 되는데, 이러한 일련의 과정을 한방에서는 담음이라는 용어로 표현하고 있다.

그런데 한 가지 재미있는 것은 임상에서 경험해 보면 모든 육류, 특히 닭고기는 하체 그것도 허벅지 비만의 주된 원인이 되는 것 같다. 닭다리가 허벅지가 굵어서인가?

또 한 가지 담음을 잘 유발하는 음식은 바로 설탕이다. 아마도 설탕이 현대에는 담음을 유발하는 주범 중 하나라고 해도 과언이 아닐 것이다. 설탕의 해에 대해서는 너무나도 그 해가 크기 때문에 따로 다루기로 하고(pp. 79~81 '설탕' 참고) 그 외에도 앞서 지적했던 담음을 잘 만드는 음식은 꼭 피해야 한다.

기본적으로 서구화된 음식은 전통 한식보다 훨씬 담음을 많이 만들어 낸다. 가공을 한 단계라도 더 거친 음식은 그렇지 않은 음식에 비해 담음을 더 많이 만들어 낸다. 소화가 잘 되는 음식은 그렇지 않은 음식보다 담음이 잘 생긴다. 음식에 있어서는 기본적인 이 세 가지 원칙을 잘 지키면 담음을 잘 예방할 수 있을 것이다.

기의 흐름을 좋게 할 것

기는 많고 적고가 문제가 아니라 얼마나 잘 소통되는가가 문제이다. 기가 허한 사람이라도 잘 소통만 되면 새로운 기운이 생겨나 큰 문제가 없지만, 기가 아무리 튼튼해도 소통이 원활하지 않으면 바로 문제가 생긴다.

한방약 중 보기補氣 약으로 치면 인삼이 가장 대표적인 약재이다. 그 다음 보기 약이 여러분들이 여름에 땀이 나면 삼계탕에 넣어 먹는 황기가 대표적이다.

이들의 조합으로 만들어진, 대표적인 기를 보해주는 처방이 바로 보중익기탕이다. 중中이라는 것은 비위, 즉 소화기를 의미하고 익기益氣란 글자 그대로 기를 더해준다는 뜻이다. 처방도 무난하고 약재도 부드러우며 기를 보하는 약에 약간의 소화제 정도 첨가된 약이라고 보면 되는데 이 약을 기가 막혀 있는 사람에게 쓰면 엄청난 부작용이 온다.

한방에서는 기가 실하다고 표현하는데, 다시 말해 기의 흐름이 원활하지 않아서 기가 막혀 있는 사람을 말한다. 이런 사람도 몸이 무겁고 피로하고 의욕이 없고 마치 언뜻 보면 기가 허한 증상과 비슷한 증상이 나타난다.

이런 사람에게 기허증으로 오진하여 보기시켜 주는 약을 투여하면 부작용이 나타나게 된다. 대표적인 부작용이 몸이 부으면서 살이 찌는 것이다.

드물지만 가끔 한약을 먹고 살이 찌는 경우가 있는데 기가 실한 사람에게 보기 약을 주는 경우, 혹은 그 반대인 경우처럼 변증이 잘못된 경우 이런 현상이 나타날 수 있다. 또한 최근 홍삼을 무분별하게 복용하는 경우가 있는데 홍삼은 기를 보하는 약이므로 기가 허한 사람에게는 당연히 좋지만 기가 실한 사람이 홍삼을 먹게 되면 당연히 다양한 부작용이 나타나게 된다. 홍삼이 나타낼 수 있는 부작용은 뒤에 다시 다루도록 하겠다.

이처럼 기의 흐름이 원활하지 않으면 담음이 생기게 된다. 기가 체하면 수분대사가 원활하지 않게 되어 몸 안에 수분의 저류가 생기게 되며 신체 내의 신진대사도 원활하지 않게 되어 여러 노폐물이 쌓이게 되는데, 이 상태가 오래되면 담음이 생기게 되어 갑자기 살이 찌면서 여러 가지 담음의 증상이 나타나게 되는 것이다.

남자는 기를 위주로 살아가고 여자는 혈을 위주로 살아간다. 때문에 남자는 기의 소모가 항상 많으므로 거의 기가 실해지지 않는다. 여자는 혈 위주로 살아가기 때문에 혈의 소모는 많지만 반대로 기는 실해지기 쉽게 된다. 그러므로 기가 잘 체하기 쉽기 때문에 담음이 남자에 비해 더욱 잘 생기게 되는 것이다. 남자보다 여자의 경우 비만이나 부종 등 담음과 관계되는 병이 더욱 많은 이유가 바로 이 때문이다.

그렇다면 어떤 사람이 기가 실한 사람일까?

기가 실한 사람의 특징

- 얼굴에 각이 져 있다.(얼굴이 네모난 형이거나 마름모 꼴인 경우)
- 얼굴 중 코가 발달된 편이다.
- 광대뼈가 튀어나오는 등 얼굴의 윤곽이 뚜렷하다.
- 얼굴이 검다.
- 집에 오래 있거나 밀폐된 공간에 오래 있으면 몸이 붓거나 머리가 잘 아프다.
- 사람 만나는 것을 좋아하고 말을 많이 하면 스트레스가 풀린다.
- 잘 붓는다.
- 스트레스에 민감하고 감정의 기복이 심하다.
- 눈 밑이 검은 편이다.(다크서클)

위 사항 중 해당되는 것이 2~3가지가 있다면 기가 실한 사람이다. 반대로 기가 허한 사람의 특징을 살펴보면,

기가 허한 사람의 특징

- 얼굴이 계란형이다.
- 얼굴 중 코의 발달이 없고 오히려 입이 다소 큰 편이다.
- 얼굴이 하얗다.
- 식은땀을 잘 흘린다.
- 팔다리가 나른하고 눕기를 좋아한다.
- 밖에 나가기를 싫어하고 사람 만나는 것을 좋아하지 않는다.
- 말을 많이 하면 기운이 빨리 떨어진다.

그렇다면 어떻게 해야 기가 체하지 않을까?

기의 흐름을 좋게 하는 방법

- 마음을 화평하게 가진다.
- 호흡을 조화롭게 한다.
- 명상이나 요가 등을 많이 한다.
- 팔과 다리를 많이 움직인다. 도인체조나 스트레칭 등을 많이 한다.
- 자주 기분전환을 하고 무엇이든 마음에 오래 담아두지 않는다.
- 좋은 음악을 많이 듣는다.
- 머리보다는 몸을 항상 많이 쓴다는 생각으로 일한다.
- 갈등보다는 행동을 먼저 한다.
- 지나치게 자극적인 음식이나 설탕 등 단 음식을 많이 먹지 않는다.
- 폭식하지 않는다.

위에서 말한 네 가지 담음이 안 생기도록 하는 생활 원칙은 날씬한 엄마와 총명한 아이를 위한 첫 번째 원칙임을 잊어서는 안 된다.

담음에 대한 이해 없이 다이어트를 하거나 또한 아이를 총명하게 키우기란 어렵다. 담음은 우리가 살아가면서 항상 만나게 되는 개념이며 건강한 삶을 위해 우리가 이해해야 할 첫 번째 문제이다.

담음을 없애는 음식

이렇게 평소에 담음의 증상이 있는 경우 한의원을 찾아 맥진을 통하여 확인 후 적절한 치료를 받는 것이 좋다. 또한 담음을 잘 이해하고 앞서 말한 생활상의 주의점을 잘 실천한다. 그 외 가정에서 할 수 있는 간단한 방법을 보면 담음을 제거하는 데 효과적인 한방 차를 꾸준히 섭취해주는 것도 도움이 된다. 앞서 설명했듯이 담음은 체내에 축적된 독소이고 원인과 위치에 따라 종류도 다양하며 그에 따라 복용해야 하는 약도 다 다르다. 여기서는 기본적이고 집에서 쉽게 접할 수 있는 음식들을 소개하기로 한다.

귤피차

귤피는 한방에서 담음을 제거하는 데 없어서는 안 되는 가장 중요한 약재 중에 하나이다. 귤피를 오랫동안 말려 색깔이 짙은 갈색이나 흑갈색으로 변하게 된 것을 진피라고 하는데, 거의 모든 담음을 제거하는 방제에 들어가며 담음을 잘 제거하면서도 몸에 독성이 없는 좋은 약재이다.

《동의보감》에서 귤피를 찾아보면 다음과 같이 되어 있다.

성질이 따뜻하고 맛은 쓰고 매우며 독이 없다. 가슴에 기가 뭉친 것을 치료한다. 음식 맛을 나게 하고 소화를 잘 시킨다. 이질을 멈추며 담연(담음)을 삭히고 기운이 위로 치미는 것과 기침하는 것을 낮게 하고 구역을 멎게 하며 대소변을 잘 통하게 한다. 우리나라에 서는 오직 제주도에서만 난다. 오래된 것이 좋은데 이것을 진피라고 한다.

위에서 보면 "가슴에 뭉친 것을 풀고"라는 구절이 나온다. 즉 기가 울체된 것을 풀어준다는 의미인데 기의 흐름을 좋게 하는 작용, 즉 이기작용을 통해 담음을 삭히는 좋은 약재라는 뜻이다.

귤피차는 다이어트와 감기 예방에 좋은 효과가 있으므로 잘 만들어 두었다가 수시로 복용하면 좋다. 특히 신경을 많이 써서 가슴이 답답할 때 마시면 기의 소통을 도와 좋다.

귤을 먹은 뒤 껍질을 잘 씻어 말려놓았다가 잘게 썬 뒤 약 20~25그램 정도를 물 1리터에 넣고 끓인다. 끓기 시작하면 불을 낮추고 약 2/3 정도 될 때까지 졸여 따뜻하게 먹는다.

주의할 점은 기가 허한 사람, 특히 남자의 경우 많이 복용하면 좋지 않다.

참고로 재미있는 것은 귤육(橘肉, 귤의 속살)에 대한 내용이다.

귤육은 성질이 차고 맛이 달며 시다. 소갈증(갈증이 많이 나는 증상,
혹은 당뇨병의 일종)을 멎게 하고 음식 맛을 나게 한다. 귤 속을 많
이 먹으면 담痰이 생긴다. 신맛은 담을 모이게 하고 단맛은 폐를 윤
택하게 한다. 껍질은 약으로 쓰지만, 귤의 속살은 사람에게 그리
좋지 않다.

같은 열매에서 속살은 담음을 만들고 껍질은 담음을 제거하는
효과가 있다. 자연식을 연구하는 사람들에 의하면 무슨 음식이든
지 가급적 분리 정제하지 않고 전부 다 먹는 것이 중요하다고 한
다. 그 음식이 대사되는 데 필요한 성분이 모두 그 안에 함께 들어
있기 때문이다. 쌀도 현미로 먹고 포도도 껍질과 씨를 같이 먹으면
소화도 잘 되고 균형 잡힌 영양을 섭취할 수 있게 된다. 귤 역시 귤
육을 소화시키는 데 귤껍질이 필요한 것이다. 껍질은 제거한 채 속
살만 많이 먹으면 담이 생겨서 좋지 않다고 되어 있다.
앞으로는 귤을 먹을 때 껍질을 말려두었다가 차로 만들어 마시면
훨씬 건강에 좋을 것이다.

생강

생강 역시 우리 주위에서 쉽게 구할 수 있는 약재이면서 뛰어난

효과를 가진 약재 중 하나이다.

《동의보감》에 보면 다음과 같이 되어 있다.

성질이 약간 따뜻하고 맛이 매우며 독이 없다. 오장으로 들어가고, 담을 삭히며, 기를 내리고, 토하는 것을 멎게 한다. 또한 풍한과 습기를 없애고 딸꾹질하며 기운이 치미는 것과 숨이 차고 기침하는 것을 치료한다.

예로부터 생강 먹는 것을 그만두지 말라는 것은 늘 먹으라는 말이다. 그러나 많이 먹지 말아야 하며, 밤에 먹어서는 안 된다. 또한 음력 8~9월에 생강을 많이 먹으면 봄에 가서 눈병이 생기고 오래 살지 못하게 되며 힘이 없어진다. 우리나라에서는 전주에서 많이 난다.

생강은 끓여 차로 마시거나 즙을 내어 뜨거운 물에 희석하여 마시는 것이 좋다. 담음을 제거할 목적을 쓸 때는 설탕을 넣지 않는 것이 좋으며 약간의 꿀과 함께 먹는 것이 좋다.

밤과 8~9월에 먹지 말라는 것은 두 시기 모두 수렴의 기운이 작용하는 시기이기 때문이다. 밤과 가을은 기운을 거두어들여 저장을 준비하는 시기인데 생강의 매운 맛과 흩어버리기를 좋아하는 성질이 오히려 기운을 발산시켜 버리므로 정기가 모이지 않아 수명이 준다고 되어 있는 것이다.

곤포, 해조

곤포는 다시마이다. 곤포는 주로 오래된 담음덩어리(담적이라고 함)를 푸는 데 도움이 되는데, 이는 곤포의 짠맛이 굳은 것을 부드럽게 해주는 작용이 있기 때문이다. 특히 오래된 대장의 독소, 즉 숙변을 제거하는 데 도움이 된다. 최근 민간요법에서 다시마가 만성적인 변비에 도움이 된다고 하여 말린 후 갈아서 환약으로 만들어 쓰는 경우가 있다. 주의할 점은 말린 환제의 경우 한꺼번에 과량 복용하면 안 되고 복용 중에 수시로 물을 많이 마셔줘야 그 효과가 제대로 나타난다.

비슷한 효과가 있는 것으로 해조, 즉 미역이 있는데 곤포와 효과가 거의 유사하다.

날씬한 엄마와 총명한 아이를 위한 두 번째 문제

저혈당

저혈당이 우리 어머니들에게 미치는 영향

저혈당이 우리 아이들에게 미치는 영향

저혈당의 원인과 증상

어떻게 먹어야 하나?— 저혈당의 식이요법

※ 담음과 저혈당증에 가장 조심해야 할 것–설탕

건강하면서도 날씬하며 총명한 아이를 기를 수 있는 엄마가 되기 위해 한방의학적 관점에서 알아두어야 할 것이 담음이었다면, 서양 의학적인 관점에서 반드시 알아두어야 할 것이 바로 저혈당이다.

담음과 저혈당은 증상적으로도 비슷한 점이 많고, 또 우리가 생활하면서 수도 없이 부딪히지만 잘 모르고 지나친다는 공통점이 있다.

혈당이란 혈액 속에 있는 당의 양을 의미한다. 혈액 속의 당은 우리 몸의 에너지원으로 사용이 되는데 혈당이 100이라고 하면 혈액 100cc 속에 당의 양이 100mg이 들어 있다는 것을 의미한다.

탄수화물은 이러한 당으로 이루어진 것인데 우리가 이러한 음식을 먹으면 소화 과정을 거쳐 단당류로 분해가 되어 이것이 소장에서 혈액 속으로 흡수되면서 혈당이 오르게 된다.

혈당은 인슐린을 비롯한 여러 호르몬에 의해 조절되는데, 음식을 먹어 혈당이 높아지면 인슐린 호르몬이 분비되어 혈당을 낮추고 반대로 혈당이 너무 낮으면 아드레날린이나 코르티솔 같은 호르몬이 분비되면서 혈당을 높여주게 된다.

이러한 과정에서 혈당이 자주 너무 낮게 떨어지면 저혈당이 되고, 항상 너무 높은 수치를 유지하면 당뇨병이 되는 것이다.

정상적인 식생활을 하는 경우야 문제가 없지만 설탕이 든 음식을 많이 먹거나 흰쌀밥·국수·과일 등을 너무 많이 먹거나 과식을 하게 되면 혈관 속에 당의 농도가 급격히 높아지게 된다. 이때 높아진 혈당을 낮추기 위해 췌장에서 인슐린이 분비가 되어 혈당을 떨어뜨리게 된다.

문제는 이러한 것이 반복되면서 췌장이 일을 많이 하게 되면 췌장의 인슐린을 분비하는 세포들이 늘어나면서 인슐린 또한 점점 많이 분비가 되는데, 이것이 인슐린 과다증으로 발전하는 것이다.

인슐린 과다증에 걸리게 되면 음식이 몸에 들어와 소화가 되었을 때 과도하게 인슐린을 분비하기 때문에 혈당이 급격히 낮아지게 되어 저혈당이 생기게 되는 것이다.

혈당은 우리 몸의 주된 에너지원이며, 특히 뇌와 신경에는 없어서는 안 되는 중요한 물질이다. 혈당이 떨어지면 배가 고프게 되어 다시 음식을 찾게 되고 이때 혈당을 빨리 높이기 위해 주로 당분의 함량이 높은 음식을 찾게 되는데 이렇게 되면 다시 혈당이 급격히 높아져서 다시 인슐린이 과도하게 분비되면서 혈당이 낮아지게 되는 것이다.

인슐린 과다증과 저혈당 증상이 있는 사람들은 쉽게 배가 고프고 짜증이 많아지고 손이 떨리거나 집중력이 떨어지는 등의 저혈당 증상이 나타나고 또 높아진 혈당을 인슐린이 지방으로 전환하기 때문에 음식을 자주 먹고 음식에 대한 집착이 많아지며 비만으로 가게 되는 것이다.

저혈당이 우리 어머니들에게
미치는 영향

어느 날 30대 후반의 어머니가 내원하였다. 최근 갑자기 체중이 증가해서 내원한 것이었다. 체중을 달아보니 63킬로그램. 163센티미터의 키에 적지 않은 몸무게였다.

최근 1년 사이에 약 10킬로그램이 증가했으며, 좀더 구체적으로는 3개월 사이에 약 4킬로그램 정도가 늘었다고 한다. 당연히 비만으로 인한 무기력감, 피로, 몸이 무겁다는 느낌 등을 호소하였고 특히 짜증이 심하게 나서 견딜 수 없다는 것이었다.

갑작스러운 체중의 증가는 저혈당과 관계가 많다는 것을 알고 있었기에 먹는 음식부터 꼬박꼬박 점검해 나가기 시작했다.

이분의 경우 6학년 된 딸이 무용을 하고 있었는데 새벽이면 아이를 데리고 무용 레슨을 가서 아이를 데려다 주고 연습이 끝나기를 기다렸다가 다시 아이를 학교에 데려다 준 후 학교가 끝나면 다시 레슨을 가서 꼬박 기다렸다가 아이가 끝나면 다시 집으로 데리고 오는 것이 주된 일과였다.

기본적으로 2회 레슨이 있었고 가끔 3회의 레슨도 받게 되면 집에 귀가하는 시간이 거의 10시가 넘어서곤 했단다. 아이는 아이대로 피로에 절어 있었고 어머니 역시 체력이 거의 바닥난 상태였다.

아이는 제대로 먹을 시간도 없고 또 무용은 체중이 많이 늘면 안 되기 때문에 초콜릿이나 사탕 등으로 칼로리를 보충했고 어머님의 경우 아이를 기다리면서 유명 모 커피전문점에서 설탕과 시럽이 가득 들어간 '까페 카라멜 모카'를 하루 2잔 이상씩 마셨다고 했다. 이젠 거의 중독이 되어서 이 커피를 마시지 않으면 머리가 맑지 않고 몸이 무거우며 짜증이 많이 난다고 했다.

설탕은 이당류이다. 정제된 설탕이 우리 몸에 들어가면 금방 소장에서 단당류로 분해되면서 흡수된다. 다른 음식에 비해 빨리 분해되어 흡수되면서 우리 몸의 혈당이 급격하게 올라가게 된다. 일단 올라간 혈당은 인슐린에 의해서 분해가 되는데 반복적으로 분비되는 인슐린으로 인해 인슐린 분비선의 비대를 초래해 인슐린 과다증이 생기게 된다.

일반적으로 혈당이 100이라고 하면 우리 몸에는 약 5그램 정도의 당이 있다는 것인데, 설탕 한 스푼이 2그램 정도이니 3스푼을 넣으면 약 6그램 정도가 한꺼번에 흡수되게 된다.

우리 몸에서는 이렇게 과도한 당을 처리하기 위해 인슐린이 분비되고 이 인슐린은 당을 지방으로 변환하여 저장하게 되므로 점차 살이 찌게 되는 것이다.

아울러 인슐린이 과도하게 분비되면 다시 저혈당이 오게 되는데 혈당이 떨어지면 배가 고프고 무기력해지고 우울한 느낌이 들기 때문에 단것을 찾게 되고 이때 단것을 먹으면 다시 인슐린이 분비되면서 악순환이 계속되는 것이다. 이러한 상태가 오래되면 체중은 늘게 되며 체중이 느는 것으로 인한 스트레스까지 겹쳐 더욱 식욕, 특히 단것을 먹고 싶다는 욕망이 제거가 되지 않으면서 점점 살이 찌게 되는 악순환의 반복이 되는 것이다.

일반적으로 자판기 커피가 달다는 것은 이미 알려진 사실이다. 뿐만 아니라 아마도(확인을 해보지는 못했지만) 위와 같은 커피에는 다량의 설탕이나 시럽이 들어갔음이 분명하다. 또한 커피와 함께 케이크 등을 함께 먹는데 케이크의 밀가루 성분과 설탕 등이 역시 혈당을 과도하게 높여 자주 먹게 되면 저혈당증에 걸리게 되는 것이다.

일단 혈당이 떨어지면 우리 몸에서는 저혈당으로 인한 뇌와 신경의 손상을 막기 위해 혈당을 높이기 위한 호르몬을 분비하게 되는데, 이때 분비되는 호르몬 중 대표적인 것이 부신피질에서 분비되는 아드레날린이다. 이 아드레날린이 분비되면 우리는 공격적이고 짜증이 많이 나게 되거나 반대로 극단적인 우울증에 빠지게 된다.

혈당의 변화는 이렇듯 표면적으로 기분에까지 영향을 미친다.

혈당이 높아지면 기분이 급속히 고양된다. 그러나 높은 파도처럼 에너지가 급상승한 후 혈당치가 뚝 떨어지면 기분도 축 처진다. 맥이 탁 풀리고 피곤해진다. 떨어진 혈당치가 다시 오르기 전까지는 움직이기도 힘들고 생각하는 것도 힘겹다. 가엾게도 뇌는 멍한 느낌과 환각에 쉽사리 빠진다. 또한 불안정하고 신경이 날카로워지면 병적으로 과민해진다. 혈액에 포도당이 과다하게 유입될수록 증세도 심해진다.

설탕을 계속해서 먹으면 설탕에 의한 위기가 마무리되기도 전에 새로운 강력한 위기가 연속해서 시작되는 셈이다. 《슈거블루스》라는 책에 소개된 아래의 내용을 잘 살펴보자.

최근 우울증이 심각한 사회 문제로 대두되고 있다. 물론 우울증은 유전적인 요인 및 사회·환경적인 요인 등이 복합적으로 작용하여 일어나는 것이지만, 우리가 정제된 음식을 먹고 설탕을 많이 먹기 시작하면서 나타나는 저혈당 현상과 무관하지 않다. 심지어 서구에서는 우울증뿐 아닌 대부분 정산질환에 설탕이 중요한 영향을 미치고 있다는 연구결과가 속속 나오고 있다.

저혈당이 우리 아이들에게 미치는 영향

인슐린의 과도한 분비와 이로 인한 저혈당은 소아·청소년기 비만의 주된 원인이다.

인슐린 과다증을 가진 아이들은 혈당이 빨리 떨어지기 때문에 금방 배고픔을 느끼고 이 때문에 항상 먹을 것을 찾게 된다. 혈당이 떨어지면 짜증이 많아지고 행동이 불안정해지며 분노를 잘 느끼게 되고, 혈당을 높이기 위해 단것을 자주 찾고 배고픔을 자주 느끼게 된다.

또한 많이 분비된 인슐린은 혈당을 지방으로 급하게 변화시켜 저장해 버리므로 살이 찌고 동시에 혈당이 내려가니 또 배가 고픈 것이다. 이런 아이들일수록 빨리 혈당을 높여야 하기 때문에 일반적인 식사를 멀리하고 과자나 음료수, 그 밖에 초콜릿·사탕·아이스크림 등 설탕 함량이 높은 간식거리의 유혹을 뿌리치지 못한다.

이러한 아이들은 태아 때부터 부모의 과도한 당분 섭취, 탄수화물 위주의 식사(흰 쌀밥·밀가루 음식 등), 음주 등으로 인하여 선천적으로 인슐린 과다증에 노출된 경우가 많다.

또한 어려서 분유를 먹인 경우가 많은데 조제분유의 경우 아이들이 잘 먹게 하기 위하여 모유보다 당분 함량을 높여 놓았기 때문에 어려서 조제분유를 많이 먹인 경우 단맛에 익숙해져서 단것을 많이 찾게 된다. 어려서부터 습관적으로 초콜릿이나 사탕을 많이 먹인 경우에도 역시 이러한 인슐린 과다증에 걸리기 쉬운 경우이다.

한때 수입산 조제분유를 먹이는 것이 유행한 적도 있다. 이 분유를 먹인 아이들이 다른 아이들에 비해 성장이 빠르다는 입소문 때문인데 비만 등의 부작용 때문에 금방 열기가 식어 버렸다. 이 분유의 맛을 보면 국산 분유에 비해 단맛이 많이 느껴지는데 아마도 당분의 함량이 높았을 것으로 예상된다. 특히 선천적으로 인슐린 과다증이 있는 아이인 경우 보통 아이들보다 크게 태어나기 때문에 아이가 태어날 때 3.2킬로그램을 넘는 경우 일단 조심하여야 한다.

소아비만의 기전

선천적 인슐린 과다증, 혹은 어려서 단것을 많이 먹거나 과식 등으로 인슐린 과다증이 생김

- 혈당이 더욱 급격히 떨어짐으로 해서 쉽게 배고픔을 느낌
- 자주 먹게 되고 특히 혈당을 빨리 높이기 위해 단것을 더욱 좋아함
- 과식 및 과도한 당분 섭취로 인해, 또한 과다한 인슐린이 당분을 빨리 지방으로 전환하기 때문에 비만이 됨

저혈당으로 인한 정신적인 문제

인슐린 과다증이 있는 아이들의 경우 저혈당 때문에 특히 신경이 예민해진다. 혈당이 떨어지면서 뇌와 신경에 당이 부족한 상태로 살기 때문에 뇌와 신경이 상하여 성격이 날카롭고 신경이 예민해지는 것이다. 또한 혈당이 떨어질 때마다 분비되는 아드레날린 때문에 자주 분노를 느끼며 불면증이나 가만히 있지 못함, 안절부절, 짜증, 불안, 초조함, 난폭성 등의 여러 문제를 일으키게 된다.

혈당이 떨어지면 기운이 없고 또한 뇌와 신경들이 혈당 부족으로 인해 손상되어 있기 때문에 신경이 날카롭고 조그만 자극에도 짜증을 잘 내고 화를 내게 되는 것이다. 이런 까닭에 더욱 단것을 찾게 되는데, 이때 먹은 빵·과자·사탕·쨈 등이 순간적으로 혈당을 높이고 이때 과도하게 분비되는 인슐린이 더욱 혈당을 떨어뜨림으로 인해 더욱 기운이 없고 보채고 짜증이 많은 아이가 되는 것이다.

아드레날린은 우리가 누군가와 싸우거나 흥분할 때, 혹은 위험으로부터 자신을 보호할 때 분비되는 호르몬인데 저혈당 상태에서 혈당을 높이기 위해 부신에서 아드레날린이 분비되기 때문에 아이들이 공격적이고 폭력적인 상태가 되거나 반대로 자신을 보호하기 위해 세상과 단절하거나 사람들과의 접촉을 피하면서 우울증 상태로 빠지게 된다.

임상에서 공격적이거나 짜증을 많이 부리는 아이, 가만히 있지 못하는 아이들이 온 경우 식습관을 분석해 보면 여지없이 이러한 잘못된 습관이 있음을 알 수 있다. 대부분 과자와 단것, 대표적으로 초콜릿·우유·빵·도넛·음료수(콜라·사이다)·패스트푸드 등을 좋아하는데 부모에서 이러한 것을 먹이지 말라고 하면 밥을 안 먹기 때문에 그런 것이라도 먹여야 한다고 이야기한다.

이런 경우 적절한 식이요법을 알려주어서 조금씩 식습관을 바꾸도록 유도하면서 한약 처방을 통하여 혈당의 급격한 변화를 막아주면 아이들의 식습관이 달라져서 밥도 잘 먹고 행동 습관이 몰라보게 달라지는 경우를 흔히 보게 된다.

한약 처방은 주로 보음시켜 주는 숙지황이나 당귀·지모·황백 등의 약재가 들어가는 약을 써서 혈당을 안정시키거나, 소화를 도와 비위 기능을 튼튼히 해주는 백출·황기 등의 약재를 써서 과식으로 인한 비위의 기능을 회복해 주는 약을 쓰기도 한다.

또한 이러한 아이들의 경우 야단을 치거나 충고를 하면 저혈당인 상태에서는 에너지가 부족하고 짜증이 나 있는 상태이기 때문에 더욱 반항을 하거나 화를 내고, 혹은 무조건 울기만 하면서 더욱 고집을 부리기 때문에 오히려 역효과가 난다. 이때 바로 야단을 치지 말고 부드러운 말로 달래거나 혹은 시간이 지나 혈당이 회복되었을 때 부드러운 분위기에서 차근차근 이야기를 해서 행동을 고치도록 유도를 해야 한다.

저혈당은 뇌를 예민하게 만들고 아드레날린 호르몬의 분비가 많아지기 때문에 조그만 자극에서 더욱 화를 내거나 우울한 기분이 들기 때문이다.

저혈당도 일종의 질병이라는 인식을 확실히 해야 지켜보는 부모의 이해의 폭이 넓어진다. 어찌되었건 아이가 저렇게 행동을 하는 것은 부모의 탓임을 확실히 인정을 해야 아이에 대한 이해의 폭이 넓어지고 아이의 어쩔 수 없는 한계를 자신의 허물로 알아 인내하고 적극적으로 치료해 주어야겠다는 마음을 가지게 되는 것이다.

저혈당으로 인한 학습장애

저혈당이 오래 가면 뇌의 손상이 심해지기 때문에 기억력이 당연히 떨어지게 된다. 뇌는 당분을 통해 영양을 공급받으므로 저혈당은 뇌의 활동을 떨어뜨려 연산능력·이해력·기억력 저하를 일으키기 때문이다. 또한 항상 지쳐 있고 체력이 약해져 있기 때문에 오래 책상에 앉아 있지 못하고 지구력이 약해지게 된다. 학습뿐 아니라 운동을 하기 싫어하고 컴퓨터·전자 오락 등 단순한 놀이에 쉽게 빠져들게 된다.

이러한 증상은 굳이 저혈당증이 아니더라도 아침을 잘 굶거나 영양 섭취가 불량한 아이들에게도 나타나기 때문에 아침을 먹어야 공부를 잘한다는 이야기가 있는 것이다.

아이들이 집중력이 없고 가만히 있지 못하고 안절부절못하면서 공부를 하지 못하고 정서적으로 불안한 증상을 나타내는 경우가 있는데, 이러한 증상을 서양의학에서는 집중력 부족증ADD:Attention Deficit Disorder, 혹은 집중력 부족 및 과잉행동 장애ADHD: Attention Deficit

라 진단하게 된다.

이러한 병의 원인은, 아직 확실하게 밝혀지지는 않았지만 설탕의 과도한 섭취나 선천적 인슐린 과다증이 주요한 원인 중 하나라는 설이 유력하다. 선천적 혹은 설탕의 섭취로 인한 인슐린 과다증이 저혈당을 유발하여 뇌를 손상시키며, 또한 이때 분비되는 아드레날린이 집중력을 떨어뜨리고 가만히 있지 못하게 하며 감정의 기복을 심하게 만들고 선생님이나 부모의 말을 듣지 않게 하기 때문이다.

이러한 아이들의 뇌를 양전자 단층촬영을 해보면 정상 아이에 비해 혈당이 낮은 반면 코르티솔의 분비가 많이 나와 있는 것을 볼 수 있는데 코르티솔은 혈당이 낮은 경우 아드레날린과 함께 분비되는 호르몬이다.

저혈당의 원인과 증상

저혈당의 원인 중 우리가 주로 접하게 되는 것이 바로 '식후 저혈당'이다.

습관적으로 과식, 혹은 자주 굶었다가 한꺼번에 폭식을 하거나, 빨리 흡수되어 혈당을 급격히 올리는 흰 쌀밥·밀가루·설탕·청량음료·꿀·과일 등을 한꺼번에 자주 많이 먹는 사람 등에게서 나타난다.

앞서 말했듯이 이런 음식의 잦은 섭취는 인슐린 과다증을 유발하고 이로 인해 저혈당이 오는 것이다. 또한 굶기, 커피, 정신적 스트레스 등으로 혈당이 떨어지면 우리 몸에서는 혈당을 올리는 호르몬이 분비되는데 지속적, 그리고 반복적으로 발생되는 이러한 상황은 호르몬 분비의 남용으로 인하여 결국 호르몬의 분비가 부족하게 된다. 이렇게 되면 혈당이 오르지 못하고 만성적인 저혈당이 오게 된다.

인체 내 혈당을 올리는 호르몬 : 췌장-글루카곤

부신수질-아드레날린

부신피질-코르티솔

뇌하수체-성장호르몬

그 밖의 다른 이유들은 아래와 같다.

- **약물**(인슐린, 당뇨 약)
- **술**
- **질병**(콩팥·간·심장 질환 및 패혈증·영양실조)
- **인슐린 분비세포샘의 종양 등으로 인한 인슐린의 과다 분비**
- **임신**
- **심한 운동**
- **신장투석**

그렇다면 저혈당으로 올 수 있는 증상에는 어떤 것들이 있을까? 저혈당은 여러 가지 다양한 증상을 일으킬 수 있는데, 저혈당으로 올 수 있는 증상이나 저혈당과 관계가 있는, 혹은 저혈당을 악화시킬 수 있는 증상이나 질병은 다음과 같다.

- 피곤
- 저체중, 혹은 비만증

- 두통, 편두통

- 건망증

- 지나친 흡연이나 과도한 음주, 혹은 과도한 커피 섭취

- 식사시간을 넘기면 몸이 떨리거나 짜증이 많이 남

- 성욕감퇴, 발기부전

- 천식이나 기관지염

- 수족냉증

- 가위에 눌림, 악몽을 자주 꿈

- 심계항진(가슴 두근거림)이나 부정맥(심장박동이 불규칙해짐)

- 우울증, 자살충동, 기분이 안 좋고 잘 슬퍼함

- 나쁜 꿈을 자주 꿈

- 아주 감정적으로 됨

- 배가 무척 고픔, 혹은 음식에 대한 집착이 강함

- 가만히 있지 못함

- 갑자기 더운 것을 느낌

- 땀냄새가 심함

- 눈병이나 귓병을 잘 앓음

- 치질

- 피부가 붉어지거나 습진이 생김

- 이명

- 피부가 가렵거나 무언가 기어가는 것 같은 느낌

- 입술이나 손가락이 찌릿함

- 충동적인 행동, 강박관념
- 비사교적, 반사회적, 사람들을 싫어하거나 항상 반대로 행동함
- 미치는 것같이 느껴짐
- 기미, 피부가 갈색으로 됨
- 외음부 소양증
- 소리나 빛에 민감해짐
- 작은 일을 큰 문제로 여김
- 근육경련, 손발을 무의식적으로 떠는 것
- 사지의 움직임이 불완전하여 잘 넘어지고 물건 등을 잘 떨어뜨리거나 깨뜨림
- 비틀거림
- 정신분열증, 환각
- 과행동증, 극성맞음
- 흉통
- 기절
- 식은땀, 과도발한
- 집중력 저하
- 불면증
- 경련이나 간질
- 관절의 통증이나 근육통, 목이 뻣뻣함, 근육에 쥐가 잘 나는 증상
- 졸림
- 알러지-재채기, 콧물

- 잘 운다
- 숨을 몰아쉰다, 숨이 참
- 소화불량, 식욕감퇴, 구역질
- 입 안이 마름
- 피부병
- 대장염
- 감기에 잘 걸림
- 마비 증세
- 심장질환
- 알코올 중독
- 걱정이나 근심에 사로잡힘
- 어지러움
- 위궤양, 위경련, 복통
- 공포증
- 결단성 없음
- 정신적으로 혼란스러움
- 한숨, 하품을 잘함
- 신경질적으로 변함
- 잇몸에서 피가 남
- 여드름, 종기
- 피로에 지쳐 녹초가 됨
- 무좀

• 울화, 성질 부리고 떼쓰는 것

• 불임

• 월경불순과 생리통, 생리전 긴장증

어떻게 먹어야 하나? **저혈당의 식이요법**

간단한 원리, 자연으로 돌아가자!

저혈당 식이요법에 관한 책을 보면 너무 복잡해서 이걸 과연 따라할 수 있겠는가 하는 생각부터 든다. 이걸 다 외워서 할 필요가 없고 간단한 원리로 본래의 우리 식생활로, 우리 조상들이 해오던 대로 돌아가면 된다.

우선 우리 조상들에 비해 우리들은 너무 많이 먹는다. 우리 인간들이 이렇게 하루 세 끼를 꼬박, 그것도 푸짐하게 먹기 시작한 것은 인류가 탄생한 그 오랜 기간 중 불과 백여 년밖에 안 된다. 바로 우리 부모 세대의 대부분이 보릿고개를 겪었고, 만나면 물어보는 것이 식사는 했는지였다.

급격한 사회적 변화와 함께 모든 것이 빠르게 변하고 있지만 우리의 식습관 역시 인류의 진화 속도에 비해 너무 빠르게 변화되고 있어 우리 몸이 미처 여기에 적응하지 못하고 있다.

때에 맞게 적당히 먹는 것, 가급적 가공을 많이 거치지 않은 음식을 먹는 것, 설탕·흰 쌀·흰 밀가루·정제 소금 등 정제된 음식을 먹지 않는 것, 인스턴트 식품과 패스트푸드를 삼가는 것 등 본래 자연의 원리로 돌아가서 생각해보면 쉽게 이해될 것이다.

당지수가 낮은 음식 위주로 섭취하자!

당지수란 혈당이 오르는 정도를 표현한 수치이다. 혈당은 단당이고 포도당이다.

포도당을 마시면 소화가 필요없어 즉시 피로 흡수되어 혈당을 가장 빨리 올리므로 포도당을 마신 후 혈당이 오르는 정도를 100%로 잡고 다른 음식들의 혈당을 올리는 정도를 그것과 비교하는 수치가 당지수이다. 보통 당지수가 낮을수록 혈당이 천천히 오른다고 보고 있다.

흰밥의 당지수는 83이고 현미밥은 50이다. 이렇게 현미밥 당지수가 흰밥보다 훨씬 낮으므로 혈당이 천천히 오르기 때문에 저혈당이나 당뇨병 환자들에게 현미밥을 먹으라고 권하는 것이다. 현미에 녹는 섬유질이 많은 콩과 보리를 섞으면 당지수가 더 내려가므로 현미잡곡밥을 먹는 게 더 좋다.

다음은 음식의 당지수인데, 참고하면 좋을 것이다.

흰식빵 70, 통밀빵 51~58, 백미밥 83, 현미밥 50, 통보리 25, 메밀 54, 감자 85, 고구마 61, 옥수수 48, 감자튀김 75, 포테이토칩 54, 우유 27, 메주콩 18, 검정콩 20, 렌틸콩-초록색30/붉은색 26, 강낭콩 28, 땅콩 14, 캐슈넛 22, 과당 19, 설탕 61, 꿀 55, 우유 46, 자몽 25, 사과 34, 포도 46, 바나나 52, 오렌지 42, 복숭아 45, 파인애플 59, 수박 72, 호두 0, 아몬드 0, 고기 0, 생선 0, 치즈 0, 푸른 채소 0, 브로콜리 0, 시금치 0

재차 강조하지만, 당지수가 높은 음식일수록 저혈당을 유발할 수 있으니 조심하여야 한다. 당지수가 높은 음식이라도 당지수가 낮은 음식과 함께 먹으면 좋고, 당지수가 낮은 음식이라도 많이 먹으면 안 된다. 예를 들어 과일의 당지수는 비교적 낮지만 많이 먹게 되면 역시 저혈당문제를 일으킬 수 있으므로 조심해야 한다.

단백질·탄수화물·섬유질을 골고루 섭취하자!

탄수화물 위주의 식사는 혈당을 빨리 높이므로 탄수화물의 빠른 흡수를 막고 또 천천히 분해되는 단백질, 섬유질이 골고루 혼합된 식사를 하는 것이 바람직하다.

흰 쌀밥이나 국수 등의 섭취를 줄이고 생선이나 해산물, 고기 등의 단백질과 싱싱한 채소와 김치 등의 섬유질 섭취를 늘인다. 동물성 단백질은 과도하게 섭취하면 좋지 않으므로 식물성 단백질인 콩, 비지, 두부 등을 섭취한다.

일단 인슐린 과다증이 오면 식사 후 혈당이 금방 떨어져 배가 쉽게 고프게 되므로 간식을 먹어주여야 하는데 간식은 우유, 땅콩, 호두 등의 견과류, 과일(많이 먹지 않는다. 한 번에 반에서 한 개 정도), 현미로 만든 떡이나 통곡으로 만든 곡물빵, 고구마 등으로 한다.

우유는 당지수도 낮고 성장기에 필요한 단백질과 칼슘의 좋은 공급원이므로 아이들의 경우 꼭 먹이도록 하자. 우유의 좋고 나쁨에 대해서는 말이 많지만, 성장기 아이들에게 꼭 필요한 음식임에는 틀림없다. 특히 저혈당 증상이 있는 아이의 경우 식간에 반드시 우유를 포함한 간식을 먹이는 것이 좋다.

설탕

필자가 임상에서 보면 설탕의 해로움을 환자들은 잘 모르고 있거나 막연히 '몸에 좋은 것은 아닌 음식' 정도로 생각하는 경우가 허다하다. 우리가 정확한 정보를 들었을 때 비로소 생각이 바뀌고 생각이 바뀌어야 행동이 바뀌게 된다. 따라서 우리가 설탕의 해악을 좀 더 정확하게 인식하는 것이 설탕의 섭취를 줄이는 가장 빠른 방법이라는 생각에 설탕에 대해서 좀 더 알아보려 한다.

롤러코스터 혈당의 주범

위에서 언급했듯이 설탕은 혈당을 불안정하게 만든다. 불안정한 혈당은 흔히 감정의 기복을 심하게 하여 조울증의 기본적인 원인이 되며 신체적으로도 역시 피로하게 하고 두통을 일으키며 몸을 무겁게 만들고 이를 극복하기 위해 더 많은 설탕을 섭취하게 하는 악순환을 초래한다. 따라서 매번 설탕을 섭취할 때마다 일시적으로는 기분을 좋게 만드나 한두 시간 후엔 더욱 배고프고 단것을 찾게 만드는 것이다.

비만, 당뇨, 그리고 심장병의 위험을 증가시킨다

혈당에 빠르게 영향을 미치는 음식, 즉 설탕을 함유한 음식을 포함하여 글리세린 음식을 섭취하면 비만해지거나 당뇨가 진전되거나 심장병을 일으킬 위험이 있다는 것을 알 수 있다.

면역기능을 방해한다

동물실험에 의하면 설탕은 면역반응을 억제하는 것으로도 알려져 있다. 또한 박테리아와 이스트는 설탕을 먹고 살며 이러한 물질들이 신체에서 균형을 잃게 되면 감염을 일으킬 확률이 더 많아진다. 설탕이 들어간 빵을 먹게 되면 대장에서 이스트가 과도하게 증식되면서 정상적인 유산균의 활동을 방해하여 가스가 차고, 헛배가 부르며, 장이 부글부글 끓는 느낌이 들게 한다.

고당분 식단은 흔히 크롬결핍증을 유발시킨다

만약 많은 양의 설탕과 탄수화물들을 소비한다면 미네랄과 크롬을 충분히 취할 수 없게 될 것이다. 크롬의 한 가지 중요한 역할은 혈당을 조절하는 일인데, 정제된 녹말과 탄수화물은 이들 식품들의 크롬 공급을 억제하는 작용을 한다.

노화를 촉진한다

설탕은 숨길 수 없는 노화의 상징, 즉 피부 처짐을 일으키기까지 한다. 설탕은 혈류를 방해하다가 끝에는 글리케이션glycation이라 불리는 과정으로 단백질에 달라붙는다. 이 새로운 분자구조들은 노화된 세포에서 발견되듯이 피부로부터 내장, 그리고 동맥의 탄력을 잃게 한다. 설탕이 피 속을 더 많이 돌수록 이러한 손상이 더 빨리 일어나게 한다.

치아를 썩게 한다

설탕이 치아에 묻으면 다른 어떤 음식물들보다도 빨리 치아를 썩게 한다. 뿐만 아니라 설탕은 잇몸 질환도 일으키고 심장병으로 발전되게 할 수 있다.

아이들의 행동과 인식력에도 영향을 미친다

1979년과 1983년 사이에 뉴욕 시 공립학교들은 학교 급식으로 제공하는 점심과 아침식사 시에 식탁에서 설탕을 줄이고 인공 색소나 감미료를 없애 버렸다. 이 조치로 국가 학력 수준이 15.7%만큼 상승하였다. 참고로, 그전까지의 최고 기록은 1.7% 상승이었다.

설탕은 중요한 영양소를 대신한다

설탕은 다른 영양소, 즉 무기질이나 비타민을 전혀 함유하지 않은 단순히 칼로리만 높은 음식이다. 따라서 설탕을 많이 먹는 사람들은 기본적인 영양소들 — 특히 비타민 A, C, 엽산, 비타민 B_{12}, 칼슘, 인, 마그네슘, 철분 등의 섭취가 부족해지기 쉽다. 청소년기에는 이러한 영양소가 특히 많이 필요한데, 이러한 영양소들이 가장 많이 필요한 아이들이나 청소년들이 설탕을 많이 섭취함으로써 신경증·우울증·성장 장애·면역기능 결핍 등 여러 해악이 나타나고 있다.

영양이 너무 부족한 경우 우리 몸에서는 생존의 본능이 본인도 모르게 작용하여 식욕을 높인다. 우리 몸은 몸의 구성 성분 중 일부만 부족해도 보충하고자 하는 기본적인 욕구가 발동하여 음식을 섭취하고자 하는 욕망이 생기게 된다. 때문에 몸이 너무 허하여 영양이 부족해져 있으면 식욕을 억제하는 한약만으로는 비만 치료가 되지 않는다. 이런 경우 몸을 보하면서 자연스럽게 식욕을 억제해주어야 한다. 또 한 가지 중요한 요소가 바로 스트레스이다. 흔히 우리가 스트레스를 받으면 '열 받는다' 조금 저속한 표현으로 '뚜껑 열린다'는 표현을 쓰는데, 실제 우리가 스트레스를 받으면 우리 몸 속에서 화가 동하게 되며 화는 그 특성상 위로 상충하는 작용을 한다.

날씬한 엄마를 위하여

02

내가 이 책을 쓰게 된 가장 큰 이유는 엄마들이 먹는 것을 아이들도 먹는다는 것이다.

아이의 건강에 문제가 있어 진찰하러 왔을 때 아이의 식생활을 잘 관찰해 보면 문제가 있는 경우가 많은데, 이때 아이를 내보내고 엄마의 식생활을 문진해 보면 같은 문제를 가지고 있는 경우가 많다. 물론 그중 가끔은 엄마의 식습관은 크게 어긋남이 없는데 아빠가 문제가 있는 경우도 있었다. 퇴근 때마다 통닭이나 아이스크림을 사들고 들어와 아이와 함께 먹어 속이 상한다는 엄마들, 엄마는 먹이고 싶지 않은데 아이는 뭐든 잘 먹어야 한다며 과자 등을 자주 먹이는 아빠 때문에 잦은 부부 싸움을 한다는 부부도 있었다. 하지만 아이와 대부분의 시간을 보내는 사람은 엄마이므로 엄마의 건강과 아이의 건강은 밀접한 관계가 있다.

앞서 1장에서 이야기한 것처럼 엄마에게 비만을 유발할 수 있는 저혈당이나 담음은 아이에게 역시 비만을 유발할 수 있으며 또한 학습이나 성장장애는 물론이요, 인격 형성에 결정적 영향을 줄 수 있기 때문에 날씬한 엄마가 총명한 아이를 키울 수 있는 것이다.

자 그럼, 이제 구체적으로 엄마들의 비만을 챙길 차례이다. 지피지기면 백전백승이라, 나에게 어떤 원인으로 비만이 생겼는지, 생활 속에서 무엇을 조심해야 하는지 안다면 비만을 정복하기 한층 쉬운 고지를 점령하게 되는 것이다.

비만의 유형과 그에 따른 생활 속의 관리법

비허습성형 비만

위열습조형 비만

비신양허형 비만

간울기체형 비만

한의학에서는 같은 병이라도 사람의 체질이나 환경적인 요인 등에 따라 그 원인은 다 다르다고 본다. 예를 들어 《동의보감》에 보면 똑같은 요통이라도 그 원인에 따라 신허요통, 담음요통, 식적요통, 좌섬요통, 어혈요통, 풍요통, 한요통, 습요통, 습열요통, 기요통 등 열 가지로 나누어지게 되며 저마다 원인이 다르므로 치료법역시 증상에 따라 틀리게 된다.

그렇다면 비만증의 경우는 어떨까? 비만도 역시 체질 및 환경, 습관에 따라 여러 가지로 나누어지게 되며 그에 따른 치료법도 모두 다 다르다. 때문에 비만에는 '특효약'이란 것이 있을 수 없는데, 체질에 따라 써야 할 약도 모두 다 틀리기 때문이다. 원인이 사람마다 틀리기 때문에 다른 사람이 어떤 약이나 식품을 써서 효과를보았다고 똑같이 따라하는 것은 효과가 없음은 물론 자칫 심각한부작용을 초래할 수 있다.

비만도 질병이다. 따라서 그 원인이 똑같을 수 없으며 때문에 변증을 통해 반드시 한열허실寒熱虛實을 구별하여 치료에 임해야 한다.

비만의 경우 다양하게 분류될 수 있으나 대충 다음과 같은 유형으로 구분하는 것이 가장 일반적인 분류이다. 비만의 유형을 명확히 알고 내가 그중 어디에 속하는지 알면 비만을 정복하는 데 한걸음 더 나아갈 수 있을 것이다.

비허습성형 비만

습濕이란 말 그대로 습한 기운이다. 예를 들어 보면 여름에 야외에서 텐트를 치고 잘 때 바닥에 방습매트를 충분히 깔지 않고 자면 아침에 온몸이 무겁고, 심하면 두드려 맞은 듯 뼈마디가 아픈데 이때 작용한 사기邪氣가 바로 습사이다.

습은 기본적인 비만의 원인으로, 비만을 이해하는 데 아주 중요한 개념이다. 습은 그 성질상 찬 기운이나 더운 기운을 잘 흡수하게 되는데, 찬 기운과 결합하게 되면 한습寒濕이 되며 더운 기운과 결합하면 습열濕熱이 된다.

비허습성脾虛濕盛형 비만의 경우 비장이 허하면서 몸에 습이 정체되게 되고 이 습이 찬 기운과 결합하여 한습의 상태가 되어 비만을 야기하게 된다.

습에 한기가 더해지면 신진대사가 급격이 저하되면서 비만이 진행되는 것이다.

증상

- 몸이 잘 붓는다. 특히 자고 나면 항상 부어 있고 피로하거나 체력이 떨어지는 오후에 갑자기 몸이 붓는다.
- 혀의 색깔이 연한 담홍색이고 혀가 다소 부풀어 있는 느낌이 난다.
- 설태(혀 위에 덮여 있는 막)는 거의 없거나 흰색이 얇게 퍼져 있다.
- 소변이 시원하지 않고 색깔이 맑은 색이다.
- 항상 몸이 무겁고 피로하다.
- 눕는 것을 좋아한다.
- 추위를 많이 타는 편이다.
- 갈증이 없다. 물을 거의 마시지 않는다.
- 허리나 관절이 잘 아픈데 비가 오면 더욱 심하다.
- 소화가 항상 잘 안 된다.
- 식후 소화가 안 되어 힘들다가 소화가 될 무렵 갑자기 배가 너무 고프게 된다.
- 많이 먹지 않는데도 먹는 것에 비해 살이 찐다.
- 얼굴이 푸석푸석하고 희거나 약간 누런 편이다.
- 찬 데, 혹은 습한 지하실 같은 데 있으면 온몸이 쑤시고 아프다.
- 단것을 좋아하는 경우가 많다.

위와 같은 증상이 있으면 비허습성형 비만이다.

비장은 우리 몸에서 주로 운화運化를 주관하는데, 운화運化란 운송運送과 변화變化이다. 위장이 음식을 수납하면 비장은 이것을 받아들여 진액(津液, 영양분)을 만든 후 전신으로 보내주고 각 기관에서는 이러한 진액을 이용해 에너지, 혈 등을 만들어내는데 비장이 허하여 이러한 기능이 이루어지지 않으면 음식이 진액으로 잘 전환되지 못하고 지방이나 담음, 수독 등으로 변화하여 몸에 축적되게 되고 이러한 축적물들이 다시 신진대사를 방해하면서 에너지 대사가 더욱 안 되면서 이차적으로 비만을 다시 유발해 살이 찌게 되는 것이다.

위와 같은 비만형인 경우 항상 소화가 안 되고 속도 더부룩하고 본인은 많이 먹지 않는데 살이 찌니 억울한 일이다. 또한 항상 피로하고 조금만 움직여도 힘들기 때문에 운동할 의욕도 나지 않고 움직이는 양도 떨어지게 되므로 비만은 더욱 심해지고 만다.

잘못된 생활 습관을 가진 청소년, 출산 후 비만 등의 경우 이러한 유형이 특히 많으며 남자보다는 여자에게서 더욱 많이 나타난다. 치료는 당연히 비장을 튼튼히 해주어 수습의 운행이 원활하도록 해주는 방법이다. 일반적으로 이러한 경우 비장을 튼튼히 하여 소화력을 좋게 해준다고 하면 소화가 잘되어 더욱 살이 찔 것이라고 우려하는 경우가 많은데 소화력이 좋아지면 오히려 식탐이 없어지고 지구력이 좋아지면서 살도 자연스럽게 빠지게 된다.

비장이 허해지면 살이 빠지는 경우와 찌는 경우 두 가지로 나누어지게 되는데 유전적인 소인, 체질, 평소 습관 등에 따라 다르게 나타나게 되는 것이다.

이 유형이 반드시 지켜야 할 생활습관

- 습을 조장하는 달고 찐득한 음식은 절대 피한다.(초콜릿·빵·과자·엿·꿀·설탕이 많이 들어간 음식 등)
- 튀긴 음식은 좋지 않으니 피한다.
- 식사는 꼭꼭 씹어 최대한 천천히 한다.
- 밥을 먹고 나면 바로 앉거나 눕지 말고 반드시 300보 정도 걷는다. 팔을 돌리거나 움직이면 더욱 좋다.
- 절대 과식하지 않는다.
- 찬 음식(아이스크림·냉면 등), 찬물, 음료수 등은 절대 먹지 않는다.
- 성질이 따뜻하고 향이 강한 음식(카레·후추·고수·쑥·깻잎·고추 등)을 위주로 식생활을 바꾸어준다.
- 같은 유산소 운동이라도 찬물에 들어가서 하는 수영은 효과가 떨어진다. 몸을 덥힐 수 있는 속보, 조깅, 등산, 자전거 타기 등이 훨씬 효과적이다.

이 유형의 경우 급격하게 살이 빠지지 않는 경우가 많고 소화력을 회복시켜 주면서 천천히 체중감량을 유도해 주어야 한다.

한의원에 오면 단기간에 급격히 살을 빼기를 원하는 경우가 보통인데, 주로 한 달에 몇 킬로가 빠지느냐고 묻는 경우가 많다. 사실 약만 강하게 쓰면 한 달에 7~8킬로그램 정도는 거뜬히 뺄 수 있다. 하지만 급격하게 뺀 살은 반드시 요요 현상을 유발하기 때문에 결혼을 앞두었다든지 하는 등의 특별한 경우를 제외하고는 시간을 두고 천천히 체중을 감량하는 것이 좋다. 정상적인 경우 약 2~4킬로그램 정도가 좋으며 6킬로 이상 감량하는 것은 무리가 따르는 경우가 많다.

탕약은 주로 수분을 제거하면서 비위를 보강해주는 오령산五苓散 계열을, 약물에 기를 보하는 황기를 다량으로 넣고 여기에 체질과 증상에 따라 적당한 약재를 가미하여 쓰면 된다.

집에서 복용할 수 있는 것

백출, 복령

대표적인 거습이수祛濕利水, 즉 습을 제거하면서 불필요한 수분을 소변으로 배출시켜주는 약재이다. 이 유형의 비만이 상복하면 좋다. 여기에 육계, 즉 계피를 약간 첨가하면 더욱 좋다.

백출 25g, 복령 20g, 육계 10g(하루 정도에 나누어 먹을 분량)을 은은한 불에 1시간 반 정도 끓여 수시로 마신다.

위열습조형 비만

앞선 유형이 한마디로 한습이었다면 이번 유형은 습열이 원인이 되어 나타나는 경우이다.

고도비만의 경우 대부분 이 경우가 많으며 한습의 유형과는 정반대의 증상이 나타나는 경우가 많다. 하지만 한습형 비만도 때로 습열형으로 바뀔 수 있으며 반대로 습열형도 한습형으로 바뀔 수 있으며, 가끔은 두 가지 유형이 한 사람에게서 혼재되어 나타나기도 하기 때문에 주의가 필요하다.

증상

- 식욕이 좋고 잘 먹는다.
- 일반적으로 소화력이 좋다. 하지만 지속적인 과식으로 소화력이 나빠져 있는 경우도 있다. 하지만 소화와 관계없이 잘 먹는다.
- 야식을 즐기고 술을 좋아하는 경우가 많다.

- 배고픈 것을 못 참고 배고프면 짜증이 나거나 심하게 무기력해진다.

- 술을 먹고 나면 국수나 밥을 먹어야 속도 빨리 풀리고 술도 빨리 깬다.

- 얼굴이 불그스름하거나 혈색이 좋은 편이다.

- 혀의 색깔이 붉고 설질이 단단한 느낌이다.

- 설태(혀를 덮고 있는 막)가 두텁고 노란빛을 띠는 경우도 있다.

- 소변 색깔이 누렇다.

- 갈증을 많이 느끼고 물도 많이 마신다.

- 활동을 많이 하고 체력도 좋은 편이다.

- 일 욕심도 많고 친구도 많고 발도 넓은 경우가 많다.

- 고도비만이 대부분 이 경우이며 전체적으로 체격이 큰 경우가 많다.

위와 같은 증상에 많이 해당된다면 위열습조(胃熱濕阻)형 비만이다. 이 유형의 경우 치료가 상당히 어려운데 기본적으로 식욕을 다스리기가 어렵기 때문이다. 한마디로 무작정 굶을 수가 없기 때문이다. 작정하고 몇 끼 굶고 나면 엄청난 무력감과 짜증 등이 몰려오면서 도저히 견딜 수 없는 상태가 되며 더 이상 굶기를 포기하게 되고 마치 작용에 대한 반작용처럼 엄청나게 먹어버리곤 한다.

이러한 상황이 반복되면서 점점 체중은 늘고 결국 비만 치료를 포기하게 되는 것이다. 반면에 기본적으로 체력이 좋고, 신진대사가 잘 이루어지기 때문에 생활 속에서 주의해야 할 것만 잘 지키면 체중도 잘 빠지는 장점이 있다.

이 유형이 반드시 지켜야 할 생활습관

- 아침은 왕처럼 점심은 평민처럼 저녁은 거지처럼 먹는다.

- 절대 야식을 하지 않는다.

- 술은 비만 치료를 포기하게 하는 가장 중요한 적이다. 술만 먹으면 식욕이 억제가 안 되기 때문이다. 또한 술만 먹고 나면 그 다음날 2~3킬로씩 갑자기 느는 경우가 많다.

- 야채를 많이 먹어 변비가 생기지 않도록 한다.

- 운동을 통해 땀과 노폐물의 배출을 원활히 한다.

- 단맛은 절대 금물, 설탕이 함유된 음식은 절대 피한다.

- 무조건 굶을 수는 없다. 최대한 칼로리는 낮고 포만감을 줄 수 있는 식단으로 적절한 식이조절과 함께 체중감량을 진행한다.

- 몸에 열이 많지만 배는 찬 경우가 많다. 너무 찬물을 많이 먹거나 몸을 차게 하면 좋지 않다.

- 채워지지 않는 욕망이 식욕이 되어 나타나는 경우가 많다. 항상 욕심을 잘 다스리고 스트레스를 조절하여 준다. 술을 통한 방법 말고 다른 방법을 찾도록 한다.

집에서 복용할 수 있는 것

어성초, 옥수수 수염

이 유형의 비만치료 시에는 차고 성질이 강한 약재들이 많이 들어가게 되므로 집에서 상복하기 적당한 약재를 찾기가 쉽지 않다. 그중 무난하게 쓸 수 있는 것이 어성초이다. 어성초는 민간요법에서도 많이 쓰고 있는데 성질이 차고 매운 맛이 있어 몸의 열독을 풀면서 부종을 없애고 소변을 시원하게 하는 효과가 있다. 비만치료에도 효과적이다.

어성초 약 150g을 물 1리터 정도에 달여서 수시로 마신다.

부종이 심할 경우 옥수수 수염을 약간 첨가한다.

비신양허형 비만

이 유형은 주로 장년층이나 노인, 그리고 주로 남성들에게서 많이 나타난다. 비허습조형 비만 유형이 더욱 발전한 형태이며 더욱 허증이 심해져서 나타나는 증상이다.

증상

- 추위를 많이 탄다.
- 입맛도 없고 소화력도 약하다.
- 무릎이 시리거나 허리가 아프다.
- 체력이 약하다. 움직이기 싫어한다.
- 남성의 경우 발기부전, 여성의 경우 성욕의 저하가 심하다.
- 아랫배가 차다고 느낀다.
- 냉이 많고 조기 폐경이 되거나 생리주기가 길다.
- 마음이 우울하고 의욕이 없다.

- 하복부는 차지만 가끔 얼굴로 열이 오르기도 한다.
- 손발이 차다. 특히 발이 더욱 시리다.
- 소변 줄기에 힘이 없고, 찔끔거리면서 잘 나오지 않는다.

이 유형은 모든 비만 유형 중 가장 허증에 속한다. 따라서 이런 유형의 비만인 경우 치료가 잘 되지 않는다. 또한 이런 유형은 대부분 연령이 높은 사람에게서 잘 나타나는데(물론 몸이 차고 기력이 떨어져 있는 젊은 여성에게도 많이 나타난다) 연령이 많아지면 에너지의 대사가 잘 되지 않으며 활동량이 줄어들기 때문이다. 또한 관절염이나 요통 등을 동반하고 있는 경우가 많기 때문에 운동으로 체중감량을 유도하기도 쉽지 않다. 뿐만 아니라 의욕이 저하되어 있고 피로를 잘 느껴 움직이려 하지 않기 때문에 더욱 치료가 어렵다.

비신양허脾腎陽虛형의 경우 비장과 신장을 보하면서 신장의 양기를 북돋아주는 치료를 한다. 신장의 양기가 충만해야 수분의 저류가 일어나지 않고 기초대사율이 높아진다. 급격한 체중 감량은 어려우며 환약의 형태로 조제하여 1년 이상 꾸준히 복용해주어야 한다. 살을 뺀다는 느낌보다는 건강을 회복한다는 마음으로 비만 치료에 임해야 한다.

이 유형이 반드시 지켜야 할 생활습관

- 무조건 많이 움직인다. 움직이지 않으면 양기는 갈수록 줄어들고

몸은 갈수록 비만해져서 더욱 쇠약해지고 더욱 쉽게 비만으로 발전한다. 몸이 힘들다고 쉬면 쉴수록 몸은 더욱 쇠약해짐을 명심한다.

- 몸이 약하다는 생각, 혹은 나이가 많다는 생각이 본인을 더욱 나약하게 만든다는 것을 명심한다.

- 관절이나 허리 질환이 있는 경우 침, 한약 등의 약물로 치료하면서 운동을 진행한다. 이 유형의 비만 치료제에는 허리와 관절을 보강하는 약이 반드시 가미되어 있다.

- 찬물에서 하는 수영 등은 별로 도움이 되지 않는다. 주로 몸의 온도를 높일 수 있는 속보로 걷기, 등산, 자전거 타기 등이 좋다.

- 흥을 돋울 수 있는 일, 즉 취미 생활이나 동호회 활동, 여행 등을 통해 생활의 활력을 찾아 기의 흐름을 좋게 해준다.

- 영양 섭취에 특히 신경을 써야 한다. 무조건 굶거나 단식을 하면 건강을 심각하게 해칠 수 있으므로 주의해야 한다. 몸을 따뜻하게 해주는 음식 위주로 알맞은 양을 섭취하며 식후에 가벼운 운동으로 소화를 촉진해준다.

집에서 복용할 수 있는 것

음양곽, 녹용

이 유형의 경우 대부분 비장과 신장의 양기를 북돋아주는 약재들을 주로 사용한다.

음양곽은 삼지구엽초라 하여 신장에 양기를 보하고 풍습을 제거하는 좋은 약재이며 쉽게 구할 수 있고 민간요법에서도 많이 사용되고 있는 약재이다. 위 유형이 확실하다고 여겨지면 상복하는데, 몸을 따뜻하게 하고 부종을 없애며 허리와 관절을 튼튼하게 할 수 있다.

음양곽 150g을 은은한 불에 1시간 정도 달인 후 미지근하게 하루에 수시로 나누어 마신다.

나이가 많거나 허약이 심한 경우 녹용을 약간 가미하면 좋다.

간울기체형 비만

주로 여성들에게서 나타나는 비만 유형이다. 고도비만인 경우는 거의 없고 경도의 비만이거나 심리적인 비만, 즉 외형적으로나 진단상으로는 비만이 아니지만 본인은 만족하지 못하고 자신이 비만하다고 생각하며 조금의 체중 변화에도 스트레스를 받는 경우이다. 주로 사춘기의 청소년이나 처음 직장생활을 시작하는 여성, 결혼적령기에 있는 여성들에게서 주로 나타나며 심한 경우 거식증, 우울증 등으로 발전하기도 한다.

이 유형의 비만은 단독으로보다는 주로 위 세 가지 유형의 비만과 결합해서 나타나거나 세 가지 유형의 바탕이 되기도 하며, 혹은 위 유형으로 전환되기도 한다.

증상

- 소화가 되지 않는다. 특히 직장에서나 그 외 스트레스를 받는 상

황에서 두드러진다.

- 생리불순이 심하다.
- 조기폐경이 되기도 한다.
- 입술이 마르거나 심하게 튼다.
- 가슴과 옆구리가 그득하거나 불편한 증상이 있다.
- 목에 이물감이 있어 뱉어도 나오지 않고 삼켜도 삼켜지지 않는다.
- 매일같이 체중계에 올라가며 500g 정도의 체중 변화에도 민감하다.
- 스트레스를 받으면 몸이 잘 붓는다.
- 대변이 불규칙하거나 주로 변비에 잘 걸린다.
- 사춘기나 수험생, 입사 초기, 갱년기에 갑자기 체중이 늘었다면 이 유형과 관계가 있다.
- 우울증이 의심되는 증상이 나타나거나 우울증 약을 복용했거나 복용중이다.
- 두통, 손가락의 관절통, 요통, 복통이 잘 생긴다.
- 생리 전에 젖가슴에 멍울이 생긴다.
- 사소한 일에도 짜증이 나고 버럭 화를 내기도 한다.
- 스트레스를 받으면 식욕이 항진되어 마구 먹거나 술을 많이 마시기도 한다.

위와 같은 증상이 있다면 간울기체肝鬱氣滯형의 비만이다. 우리가 흔히 '기가 막힌다'는 말을 쓰는데, 실제로 우리가 화가 나거나 갑자기 신경을 쓰거나 하게 되면 기가 막힌다. 즉 기의 흐름에 장애가 생겨 기가 울체되는 현상이 생긴다.

기의 울체는 간의 소설 기능(간의 기능 중 기혈의 흐름이 잘 뻗어나가도록 하는 기능)에 가장 먼저 영향을 미쳐 간울기체증을 유발하며 간의 소설 기능이 되지 않으면 이차적으로 온몸, 특히 혈액의 흐름과 수액의 대사나 자궁 기능 등에 영향을 미치게 되어 전신적으로 기혈이 응체되는 증상이 나타나게 된다. 따라서 위와 같은 부종이나 자궁기능 이상 혹은 감정의 이상을 유발하게 되고 기혈 흐름의 장애는 인체 내 신진대사에 영향을 미쳐 에너지 대사를 방해하고 체중의 증가를 야기하게 되는 것이다.

치료는 주로 기의 흐름을 원활히 해주면서 수분대사를 정상화시키며 간의 울체를 풀어주는 소간행기법을 사용하게 된다. 또한 이 유형은 다른 유형과 쉽게 결합하게 되는데, 어떤 유형과 결합했는지를 한열허실을 잘 판단하여 그에 맞는 치료를 행한다.

모든 비만이 그러하지만 이 유형은 특히 감정의 조절에 주의하여야 한다. 감정의 흐름은 기의 흐름에 결정적 영향을 줄 수 있기 때문이다.

이 유형이 반드시 지켜야 할 생활습관

- 항상 긍정적으로 생각하는 습관을 가진다.
- 다양한 취미 생활을 한다.
- 술을 많이 마시게 되면 자율신경계의 기능이 문란해져서 더 쉽게

스트레스를 받게 되며 술 자체로도 체중이 증가하므로 절대 술에 의존해서는 안 된다.

- 몸을 많이 쓴다. 몸을 많이 쓰는 활동적인 직업이나 취미를 가진다. 몸을 쓰면 머리는 비워진다.
- 음식은 다소 맵게 먹는 것이 좋으며 단맛은 피한다.
- 생리불순이 있다면 이것부터 치료한다. 자궁 기능은 감정에 결정적으로 영향을 미친다.
- 도인체조, 맨손체조, 기공체조 등으로 기의 흐름을 도와준다.
- 좋은 책을 많이 읽어 마음을 충만하게 한다.
- 종교가 있다면 매일 마음을 다스릴 수 있는 구절을 선택해 아침마다 외운다.

집에서 복용할 수 있는 것

귤피차, 소엽차

귤피는 앞서 말한 바와 같이 기를 다스려 담을 삭이는 좋은 약재이다. 집에서도 쉽게 구할 수 있으므로 만들어 두고 수시로 차를 끓여 마신다. 소엽은 바로 깻잎이다. 땀구멍을 열어 울체를 풀어주고 기운을 안정시키는 역할을 한다. 단, 발한작용이 있으므로 이 유형의 비만인 중 식은땀을 많이 흘리는 사람은 좋지 않다. 평소 음식으로 많이 먹어준다.

날씬한 몸을 위해 가벼운 마음부터

몸무게만 재지 말고 마음의 무게도 헤아려라

중화탕, 마음으로 먹는 약

어느 날, 영리하고 다소 조숙한 병아리가 엄마에게 물었다.

"엄마! 닭이 먼저야 알이 먼저야?"

엄마 닭은 물론 대답을 하지 못했다.

"바빠! 넌 그런 걸 묻고 그러니?"

고양이, 개, 너구리 등 어떠한 동물도 병아리의 질문에 대해 시원하게 대답해주지 못했다. 심각한 실존적 문제를 고민하던 병아리에게 늙은 수탉은 명쾌한 답을 제시해준다.

"닭에게는 알이 먼저고 알에게는 닭이 먼저지!"

이상은 동화책에 나오는 내용이다. 때로는 아이들이 보는 동화책에서도 빛나는 삶의 지혜를 건질 수 있다.

그렇다면 건강에 있어서는 몸이 먼저일까, 마음이 먼저일까?

이에 대해 혹자는 말한다. 스트레스만 안 받으며 된다고! 그러니 마음껏 술 마시고 담배 피우고 아무거나 먹어도 마음만 즐거우면 병이 생기지 않는다고! 하지만 어떤 사람의 의견은 다르다. 몸이 튼튼해야 마음도 편하며 때문에 음식 가리고, 철마다 보약 먹고, 비타민제 챙기고, 금연, 금주, 운동을 해야 한다고. 어느 쪽의 논리도 절대적이지 않다. 당연히 몸에게는 마음이, 마음에게는 몸이 중요하다.

흔히 몸은 그릇이고 마음은 그릇에 담긴 내용물이라고 한다. 그

만큼 몸과 마음은 떼려야 뗄 수 없는 아주 밀접한 관계가 있다. 오장五臟이라 불리는 간肝, 심心, 비脾, 폐肺, 신腎이라는 그릇에는 분노, 기쁨, 사려, 슬픔, 공포라는 마음, 즉 내용물이 담겨져 있으며 이러한 감정은 장부臟腑의 허실에 따라 여러 가지 상태로 나타나게 된다.

만약 별것도 아닌데 웃음이 그치지 않고 그냥 사람만 만나도 괜히 미소가 지어진다면 심장의 기운이 너무 실해진 것이 아닐까 하고 의심해 보아야 한다.(실제로 이런 병이 있다!) 또 별것도 아닌데 벌컥벌컥 화가 난다면 간에 화가 있는 것이 아닌지 확인해 보아야 한다. 이유 없이 불안하고 초조한 느낌이 들고 항상 무언가에 쫓기는 느낌이 든다면 신장기능이 허한지 확인해 보아야 한다.

한약이나 침, 수기요법, 척추지압 요법, 마사지, 운동 등의 방법을 통해 몸을 조절하여 내부 장기의 허실을 맞추어주면 당연히 감정의 조절이 쉬워진다. 또한 음악 감상, 기분전환, 아로마 요법, 독서, 명상, 사랑 등으로 감정을 조절해주면 당연히 내부 장기의 기능이 좋아진다. 몸과 마음, 즉 육체와 정신은 무엇이 중요하고 먼저랄 것도 없이 항상 함께 가는 것이다.

몸무게만 재지 말고
마음의 무게도 헤아려라

임상에서 환자를 보다 보면 한약을 복용해도 식욕이 전혀 떨어지지 않고 살도 빠지지 않는 경우가 있는데 한 가지는 영양이 너무 부족한 경우, 또 한 가지는 스트레스가 너무 높거나 채워지지 않는 마음의 허기가 있는 경우이다.

영양이 너무 부족한 경우 우리 몸에서는 생존의 본능이 본인도 모르게 작용하여 식욕을 높인다. 우리 몸은 몸의 구성 성분 중 일부만 부족해도 보충하고자 하는 기본적인 욕구가 발동하여 음식을 섭취하고자 하는 욕망이 생기게 된다. 때문에 몸이 너무 허하여 영양이 부족해져 있으면 식욕을 억제하는 한약만으로는 비만 치료가 되지 않는다. 이런 경우 몸을 보하면서 자연스럽게 식욕을 억제해 주어야 한다.

또 한 가지 중요한 요소가 바로 스트레스이다. 흔히 우리가 스트레스를 받으면 '열 받는다' 조금 저속한 표현으로 '뚜껑 열린다'는 표현을 쓰는데, 실제 우리가 스트레스를 받으면 우리 몸 속에서 화가 동하게 되며 화는 그 특성상 위로 상충하는 작용을 한다.

이때 이에 대한 반작용이 인체 내에서 일어나는데 그중 하나가 수곡(水穀, 수기와 곡기), 즉 음식을 받아들여 화를 끄고 아울러 위장을 움직여 위의 하기下氣 작용을 통해 화를 내리려는 움직임이 일어나게 된다. 물론 간화肝火가 동하면 성해진 목木의 기운이 비장의 토土 기운을 눌러 오히려 식욕이 떨어지는 경우도 있다. 또한, 앞서 말한 것처럼 서양의학적으로도 스트레스나 감정의 변화는 신체 내 혈당의 변화를 야기하게 되고, 혈당의 변화에 우리 몸이 신속히 적응할 수 있는 능력(예를 들어 호르몬 분비 부족 등)이 떨어진 경우 억제할 수 없는 식욕이 발동하게 된다.

실제로 임상에서 비만인 아이들을 대하다 보면 너무 일찍 부모와 떨어졌다든가, 어려서 사랑을 받지 못하였다든가, 부모의 간섭이나 잔소리가 지나칠 경우 비정상적으로 식욕이 항진된 경우가 많다.

우리가 '기분이 좋다'라고 말하는 것은 기의 흐름이 좋은 것을 말한다. 또한 마음이 불편할 때 기가 막힌다고 이야기한다.

기는 마음이 편안하면 잘 체하지 않고, 기의 흐름이 좋으면 사소한 스트레스 정도는 크게 상관하지 않고 넘어갈 수 있는 여유가 생기게 된다. 이처럼 기의 흐름과 마음의 상태는 바람이 불면 갈대가 눕듯 함께하는 것이다.

이제까지 다이어트는 몸으로 하는 것이라는 생각을 많이 해 왔다. 하지만 이제 마음을 돌아볼 때이다. 마음이 화평하여 기의 흐름이 원활하면 담음이 발생하지 않는다. 또한 화가 동하지 않으면 식욕은 잘 조절되며, 기운이 잘 돌고 기가 안정되면 아랫배에 축기築氣 작용이 일어나 아랫배가 든든하고 더 이상 허기가 지지 않게 된다.

한의원에서 비만 치료를 할 때 침 치료를 병행하게 된다. 침으로 지방분해를? 아니다. 침은 기의 흐름을 원활히 하여 화가 동하지 않게 하며, 비정상적으로 항진된 위장기능을 억제하여 식욕을 제어하는 작용을 한다. 이렇게 침 치료를 병행하면 약만 쓸 때보다 효과가 훨씬 강력하게 나타난다.

책을 많이 읽으신 어떤 분이 내게 모든 책의 가장 중요한 부분은 앞쪽에 다 있다고 이야기했던 적이 있다. 글쓴이가 강조하고 싶은 것을 앞쪽에 먼저 이야기하게 되어 있기 때문이란다. 그렇다면 의학서적 중 유일하게 그 가치를 인정받아 유네스코세계문화유산에 등재된 《동의보감》의 앞부분에는 어떤 내용이 있을까?

환자로 하여금 마음속에 있는 의심과 염려스러운 생각, 그리고 모든 헛된 잡념과 불편과 자기 욕심을 다 없애 버리고 지난날 죄과를 깨닫고 뉘우치게 해야 한다. 그리하여 몸과 마음을 편안하게 해서 자기 생활방식이 자연의 이치에 부합하게 한다.
이렇게 오래 하면 결국 정신이 통일되어 자연히 마음이 편안해지고 성품이 화평해진다. 이렇게 되면 세상 모든 일은 다 공허한 것이고, 종일 하는 일이 모두 헛된 것이라는 것을 알게 되며 또 내 몸이 있다는 것도 다 환상이며 화禍와 복福은 다 없는 것이고 살고 죽는 것이 모두 한갓 꿈과 같다는 것을 알게 된다. 그리하여 모든 것을 깨닫게 되고 갑자기 깨닫게 되면 모든 문제가 다 풀리게 되며 마음이 자연히 깨끗해지고 병이 자연히 낫게 된다.

《동의보감》의 앞부분에는 위와 같은 마음 수양을 중심으로 한 양생법이 가장 먼저 나온다. 의학서적이니 당연히 병증에 따른 탕제나 치료법 등이 먼저 나와야 할 터인데, 허준 선생께서는 역대 의가醫家들의 수양법을 제일 먼저 제시하시고 있다. 바로 몸과 마음을 함께 다스리는 양생의 도리를 가장 중요하게 여기신 것이다.

앞서 말했듯 일의 선후를 알면 도에 가깝다고 하였다. 이제 건강하고 날씬한 몸에 관심을 가지기 시작했다면, 혹은 이제껏 여러 가지 다이어트법을 써보았지만 쉽게 성공하지 못했다면 그동안 너무 몸에만 관심을 둔 것이 아닌지 생각해 볼 일이다.

중화탕, 마음으로 먹는 약

마음을 화평하게 가지는 것! 머리로는 알겠지만, 실상은 쉬운 일이 아니다. 이런 경지에 오르기 위해서는 입산해서 수도하는 것밖에 방법이 없지 않겠나 하는 생각이 들 정도다.

그렇다면 한약 중에 마음을 다스리는 약은 없을까? 사실 모든 한약은 마음을 다스리는 약이다. 앞서 말한 것처럼 오장은 칠정을 주관하기 때문에 오장의 허실을 잘 다스리면 감정 역시 잘 조절할 수 있기 때문이다. 그렇지만 이렇게 오장을 통해서 말고 진짜 마음을 다스리는 약은 없을까?

양생서인 《활인심방活人心方》에는 이런 약이 나온다. 한의학 서적은 아니지만 퇴계 이황 선생의 《활인심방》은 마음이 모든 병의 근원이라는 근본 원리 아래 마음을 다스려 기를 다스리고 기름으로써 건강을 지키고 생명력을 기르려는 마음 위주의 양생법을 다루고 있는 책이다.

이 책에 중화탕中和湯이라는 약이 나오는데 약이라고 해서 입으로 먹는 약은 아니고, 보이지도 않고 만질 수도 없는 약이다. 바로 생활 속 실천 방법이기 때문이다.

중화탕 : 의술로 못 고치는 일체의 병을 모두 치료한다. 복용하면 원기를 보호하고 굳게 하여 사기邪氣가 침범하지 못하여 만병을 예방해주어 오래도록 편안하고 세월이 지나도 후회됨이 없을 것이다.

사무사(思無邪) 생각에 삿됨이 없다.

행호사(行好事) 좋은 일을 행한다.

막기심(莫欺心) 마음을 속이지 않는다.

행방편(行方便) 때에 따라 적절한 방법을 행한다.

수본분(守本分) 본분을 지킨다.

막질투(莫嫉妬) 질투하지 않는다.

제교사(除狡詐) 교활함과 속임수를 없앤다.

무성실(務誠實) 성실하고자 힘쓴다.

순천도(順天道) 하늘의 도리에 따른다.

지명한(知命限) 운명에는 한계가 있음을 안다.

청심(淸心) 마음을 맑게 한다.

과욕(寡慾) 욕심을 적게 한다.

인내(忍耐) 참고 견딘다.

유순(柔順) 부드럽고 순하게 행동한다.

겸화(謙和) 겸손하고 온화하게 산다.

지족(知足) 만족할 줄 안다.

염근(廉謹) 깨끗한 마음으로 삼갈 줄 안다.

존인(存仁) 어진 덕을 잃지 않는다.

절검(節儉) 절약하고 검소하게 산다.

처중(處中) 중심자리를 잡는다.

계살(戒殺) 살생을 경계한다.

계노(戒怒) 분노를 경계한다.

계폭(戒暴) 난폭함을 경계한다.

계탐(戒貪) 탐욕을 경계한다.

신독(愼篤) 삼가고 독실하게 행동한다.

지기(知機) 변화의 기틀(낌새)을 안다.

보애(保愛) 보호하고 사랑하는 마음을 가진다.

염퇴(恬退) 물러날 때 기쁜 마음으로 한다.

수정(守靜) 안정을 지킨다.

음즐(陰騭) 남모르는 덕(음덕)을 쌓는다.

위 서른 가지 약재를 잘 씹어서 가루로 만들어 심화心火 1근과 신수腎水 2사발로 은은한 불에 반이 되게 달여 건져 놓고 때와 장소를 가리지 않고 따뜻하게 복용한다.

아무리 좋은 약이라도 먹어야 이로운 법. 중화탕 역시 자주 접하고 읽어야만 그 효과를 볼 수 있다. 마음 다스리는 일이 어찌 중화탕 하나만으로 가능할까마는 이것을 시작으로 하여 몸과 마음이 둘이 아님을 아는 것만으로도 공부의 시작이 아닐까 하는 생각에서 소개해 보았다.

이제부터라도 몸과 마음을 함께 다스리는 방법을 항상 염두에 두어야 한다. 우리 몸은 무엇을 먹는지 무슨 생각을 하는지에 따라 한 치의 오차도 없이 순간순간 변화하는, 살아 있는 소우주이다. 비만치료는 몇 킬로를 뺐는가가 중요한 것이 아니라 생각과 습관이 얼마나 바뀌었는지가 훨씬 중요하다. 임상에서 늘 강조해 보지만 대부분의 사람들이 한 달분의 약을 먹고 몇 킬로그램을 뺄 수 있는가에만 관심을 가질 뿐 마음의 다스림, 기운의 화평함, 욕망의 비움 등에는 관심이 없다. 이것이야말로 본말이 전도된 잘못된 치료를 행하고 있는 것이다.

근본적인 습관과 행동과 생각이 바뀌면 몸도 바뀌게 되고, 또한 자녀를 대하는 태도 또한 달라지게 된다. 자녀 역시 엄마에 따라 먹는 것이 달라지고 생각이 달라지며 행동방식도 달라지는 것은 당연한 것이다. 이렇게 보면 날씬한 엄마가 총명한 아이를 기를 수 있는 것은 너무도 당연한 이치이다.

비만치료, 해독을 동시에 할 수 있는 세 가지 방법

반신욕

온몸 흔들기

단식 요법

　한방에서 비만을 바라보는 관점은 수독과 담음이다. 그것이 비장이나 신장 기능의 저하에서 왔건 기울에서 왔건 간에 관계없이 결국 수분의 저류를 일으키고 담음이라는 체내 독소를 만들어 비만이 생기게 되는 것이다.

　따라서 이러한 독소를 제거하는 것은 우선적으로 중요한 일이며 비만치료의 전과 후, 혹은 치료 중에 반드시 이러한 해독치료를 병행해서 해야 한다. 그렇지 않고 단순하게 식욕만 억제한다거나 양기를 보하거나 기의 흐름을 좋게 해도 독소가 제거되지 않으면 이것이 다시 원인이 되어 체중이 느는 요요 현상이 생기게 된다.

　이번 장에서는 집에서도 쉽게 할 수 있는 해독요법을 소개하고자 한다. 물론 손쉽다고 해서 효과가 없는 것도 아니며, 또한 아무렇게나 해서도 안 된다. 반드시 잘 읽고 주의사항을 숙지하여 행하여야지 그렇지 않은 경우 심각한 부작용을 일으킬 수도 있다.

반신욕

5~6년 전 반신욕이 크게 유행한 적이 있었다. 그때는 홈쇼핑 등에서 앞다투어 가정용 반신욕기나 반신욕 보조도구 등을 판매할 정도였다. 하지만 그 열기는 오래 가지 않아 시들해졌는데 몸이 가벼워지는 등의 반짝 효과가 처음에 있다가 곧 효과가 없어지거나, 혹은 여러 가지 부작용이 나타나기 시작했기 때문이다.

반신욕은 효과가 뛰어난 훌륭한 해독요법이며 비만치료에 보조적으로 이용하면 탁월한 효과가 있다. 하지만 효과가 좋은 만큼 부작용도 크기 때문에 '그저 뜨거운 물에 몸을 반 정도 담그는 일'이라고 생각했다가는 한마디로 큰 코 다치는 결과를 초래한다. 실제로 임상에서 보면 반신욕의 부작용 때문에 내원하는 환자가 많이 있었다.

자 그럼, 반신욕에 대해 알아보자.

반신욕은 18세기 초 네덜란드의 명의 브르하페^{Herann Boerhaave} 교수에 의해서 알려진 것으로 일본에 건너가 한때 크게 유행했다가 일본의 건강 서적을 통해 우리나라에 소개된 이후 오래 전부터 건강비법으로 알려져 왔다.

우리 인체의 심장 주변은 37℃ 전후이고 발끝은 31℃ 이하라고 한다. 반신욕을 하면 하체 쪽의 찬 기운으로 인해 느슨하게 움직이거나 정체된 혈액이 데워져 순환하게 되는데, 이렇게 되면 혈액의 흐름이 원활해지면서 산소나 영양, 그리고 면역물질을 전신의 기관이나 세포에 전달하게 되고 세포로부터 탄산가스나 노폐물, 독소 등을 정맥을 통해 운반하여 땀으로 배출하게 된다.

반신욕을 통한 원활한 혈액 순환은 세포에 분자 단위까지 교정하여 자가면역력을 강화시키고 그로 인해 우리 몸의 독소를 배출해주는 것이다.

한의학 이론에 보면 수승화강水昇火降 혹은 수화상제水火相制라는 말이 나오는데, 쉽게 설명하면 아랫배의 찬 기운이 머리 쪽으로 올라가 머리를 서늘하게 하고 머리의 뜨거운 기운이 아랫배로 내려와 하체 쪽을 따뜻하게 해주어 가슴과 머리는 서늘하고 배는 따뜻하게 되어야 건강하게 된다는 이론이다.

이 수승화강이 이루어져야 만병이 생기지 않고 건강하게 되는데, 사실 단전호흡 등의 도가식 수행법이 이 이론을 바탕으로 나온 것이다.

반신욕은 이러한 한의학 이론을 바탕으로 한 것으로 인위적으로 하체를 따뜻하게 하여 정체된 냉기를 상체 쪽으로 발산시켜주는 방법인 것이다.

온도계, 샤워커튼, 반신욕 덮개(온도 유지를 위해서 반드시 필요. 물의 온도가 수증기로 빼앗기지 않기 위해), 첨가제

반신욕 하는 법

1) 먼저 물 한 컵(미지근한 생수)을 마신다. 이때 녹차류는 절대 금물이다. 수분 보충을 위해 마시는데 녹차류는 이뇨작용을 하기 때문이다.

2) 욕조에 물을 준비한다. 일반적으로 체온보다 약간 높은 37℃ 정도 물을 욕조의 3/5 정도 받는다. 물을 준비할 때는 샤워기로 받아 수증기가 욕실을 따뜻하게 만들어줄 수 있도록 한다. 이때 샤워커튼으로 욕조를 가려 온도의 손실이 없도록 한다. 준비된 온도계로 온도를 정확하게 측정하여야 한다. 특히 고혈압이 있는 분은 절대 37℃를 넘지 않도록 한다.

3) 첨가제를 욕조에 넣는다. 효과를 극대화하기 위하여 입욕보조제를 첨가하면 더욱 좋다. 첨가제의 종류는 여러 가지인데 쉽게 구할 수 있는 라벤더, 로즈마리, 티트리 같은 오일을 써도 좋고 바쓰솔트bath salt를 첨가해도 좋지만 한약제를 이용한 첨가제를 쓰면 해독과 비만치료에 더욱 좋은 효과를 볼 수 있다.

4) 욕조에 들어가기 전 하체로만 물을 끼얹는다.

5) 욕조에 들어갈 때는 가슴 아래까지만 물에 담근다. 반신욕 덮개

를 이용하여 몸 부분을 제외한 욕조 전부를 덮는다. 어깨나 팔 부분을 절대 물에 담그지 않는다.

6) 약 20분 정도만 한다. 수시로 뜨거운 물을 보충하여 온도를 유지해준다. 사람에 따라 차이는 있지만 10분 정도 지나면 머리나 팔, 가슴에서 땀이 나기 시작한다. 단순히 해독을 위해서는 15분 정도가 지나서, 비만 치료를 위해서는 10분 정도가 지나면 40~42℃ 정도의 뜨거운 물로 하는 것이 좋다. 하지만 온도가 높을수록 영양 소모가 심하고, 따라서 체력 소모가 심하기 때문에 자신의 체력 상태를 잘 고려하여야 한다.

7) 3분 이내로 가볍게 샤워하고 나온다.

8) 몸의 물기를 닦아주고 습기가 마르기 전 보습제나 오일을 가볍게 발라준다.

9) 두꺼운 양말을 신고 두꺼운 바지를 입는다. 그러나 상의는 얇게 입는다. 덥다고 찬물을 마시거나 바람을 쐬거나, 특히 찬물에 손을 담그는 것은 절대 금해야 한다. 양치질도 반신욕 전에 미리 해두는 것이 좋다.

10) 따뜻한 물 한잔을 마신다. 편안하게 쉬면서 목욕탕 뒷정리는 내일로 미루고, 다른 일을 하지 말고 잠시 쉰 뒤 바로 잔다.

별로 어렵지도 복잡한 내용도 없지만 환자들을 보면 엉뚱한 방법으로 하다가 부작용을 일으키곤 한다. 반드시 주의해야 할 점을 다시 한 번 정리해 보면 다음과 같다.

- 전후로 꼭 물을 한 컵 마신다. 중요한 것은 절대 냉장고나 정수기의 차가운 물을 마시면 안 된다. 겉을 덥히면 속이 냉해지기 때문이다. 특히 반신욕 후에는 반드시 따뜻한 물을 마신다. 녹차나 커피, 음료수 등은 절대 안 된다.

- 절대 손이나 심장 부분을 담그면 안 되며, 들어가기 전 전체적으로 샤워를 하고 들어가서도 안 된다. 반드시 상체는 마른 상태로 들어가야 한다. 체온의 손실이 심하기 때문이다.

- 시간은 반드시 20분을 넘기면 안 된다. 또한 너무 땀이 잘 나 들어가자마자 땀이 나는 사람이면 시간을 줄여야 한다.

- 땀이 너무 많이 나면 양기의 과도 소모로 인한 망양증亡陽證이 생겨 건강에 오히려 해롭다.

- 반신욕 후에 땀구멍이 열려 있는 상태에서 집안일이나 외출을 하면 절대 안 된다. 특히 위 9번과 10번 항목을 반드시 지켜야 한다.

- 횟수는 사람의 체력에 따라 다르지만 해독을 목적으로 하는 경우 주 1~2회, 비만 치료를 위해서는 주 3~4회 정도가 적당하다. 절대 몸에 좋다고 매일 해서는 안 된다.

쉽게 구할 수 있는 한약첨가제

소엽   우리가 먹는 깻잎 중 자주색 빛이 도는 것을 말린 것이다. 기의 울체를 풀어 혈행의 흐름을 좋게 하고 땀의 배출을 원활하게 하여 노폐물이 잘 빠져나갈 수 있도록 도와준다. 비만치료나 해독을 목적으로 한다면 반드시 사용해야 할 약재이다. 기울을 풀고 혈행 개선과 발한을 통한 해독기능이 탁월하며 특히 직접적으로 어패류의 독을 중화시키는 작용을 한다. 우리가 회를 먹을 때 꼭 깻잎을 함께 먹어야 하는 이유가 여기에 있다. 간기울체형 비만인 경우 특히 좋지만, 앞서 설명했듯이 모든 비만은 기울을 동반하기 때문에 모든 비만 유형에 기본적으로 사용한다.

애엽 애엽은 쑥을 말한다. 쑥이라고 해서 인진쑥을 쓰는 분들도 있는데 인진쑥과 쑥(애엽)은 성질도 다르고 효능도 틀린 전혀 다른 약이다. 가끔 인진쑥이 간에 좋다고 상복하시는 분들이 있는데, 황달이 있거나 간염이 심한 경우를 제외하고는 상복해서는 좋지 않다. 애엽은 온경溫經, 즉 자궁을 따뜻하게 하는 대표적인 약재이다. 몸이 찬 여성, 특히 하체가 냉한 여성들에게 좋다. 또한 위를 따뜻하게 하여 소화기능을 돕는 역할을 하기 때문에 비만 유형 중 한습형 비만이나 비신양허형 비만의 경우 특히 좋다.

진피 진피는 말린 귤껍질이다. 약재상을 통해 구입하여도 좋고 집에서 먹다 남은 귤껍질을 모아 두었다가 사용해도 좋다. 향이 좋고 효능도 좋아 입욕보조제로 사용하면 좋다. 주로 기체를 풀어주는 작용이 있어 간기울체형, 비허습조형 비만에 사용하면 좋다.

마치현 우리나라 어디에나 쉽게 자라는 쇠비름이라는 약초를 건조한 것이다. 성질이 차고 맛은 시며 독이 없다. 해독효과가 탁월

하며, 특히 대장과 피부의 독소를 없애기 때문에 입욕보조제로 사용하면 피부를 매끄럽게 하고 대변의 배출을 좋게 하며 종기, 피부염 등을 삭이는 작용을 한다. 성질이 찬 편이기 때문에 위열습조형 비만인 경우 좋고 아토피 등의 피부질환이나 특히 피부가 건조하고 트고 마르는 경우 좋다.

위 약재들은 한약건재상이나 인터넷 등을 통해 쉽게 구입할 수 있는 약재들이다. 한 가지만 구해서 써도 좋지만 두세 가지를 각 등분하여 배합해 사용하면 더욱 좋다. 사용법은 먼저 약재들을 주전자에 넣은 다음 약한 불로 끓이기 시작하여 물이 끓기 시작하면 10분 정도 더 끓인 후 불을 끄고 물이 완전히 식을 때까지 약재들을 우려낸다. 오래 끓이면 유효한 방향성 성분들이 다 날아가 버리기 때문에 10분 이상은 끓이지 않도록 한다.

물이 식으면 찌꺼기는 버리고 탕액을 따로 병에 담아 냉장고에 보관하여 두었다가 사용한다. 물을 다 받은 후 넣으면 물의 온도가 내려가므로 미리 넣는다.

온몸 흔들기

온몸 흔들기는 분자교정학에 진동 원리를 접목한 것이다. 가늘고 긴 플라스틱 봉의 아래를 잡고 온몸을 흔들면 플라스틱 봉의 윗부분이 좌우로 심하게 흔들리는 것을 볼 수 있다.

온몸 흔들기를 통해 약 70%의 액체 성분으로 이루어진 우리 인체세포를 진동에 의한 파동이 자극을 주게 된다. 이 흔들기에 의한 물리적 자극은 내 몸의 분자들을 각성시켜 혈관 확장을 유도하여 말초모세혈관의 혈류 흐름을 용이하게 한다.

참고로 이 흔들기는 고대 인도에서도 유래를 찾을 수 있고, 또 중국 화산파의 도인체조의 하나이기도 하며, 우리나라에서도 모 수련원에서 주로 사용하고 있는 수련법이며 등소평이 살아생전 수영과 더불어 평생을 함께한 운동이기도 하다.

이 방법을 통해 우리 몸의 원활한 순환을 통해 독소와 노폐물 배출을 원활히 하고 틀어진 골격을 바로잡아주며, 나아가 감정적인 안정까지 도모할 수 있다.

1) 다리를 11자로 어깨 폭보다 약간 좁게 벌리고 전신에 힘을 뺀 채 팔을 늘어뜨린 후 무릎을 약간 구부리고 무릎 반동에 의해 서서히 흔들어 준다. 주의해야 할 점은 이 운동이 끝날 때까지 발바닥은 바닥에 꼭 붙이고 서 있어야 한다. 폴짝폴짝 뛰듯이 아래위로 뛰어서는 안 된다.

2) 호흡은 자유롭게 한다.

3) 5분 정도 가볍게 흔들다 보면 탄력을 받아 저절로 흔들리는 느낌을 받는다. 이때 약 10분 정도 의도적으로 강하게 온몸을 흔들어준다. 방법은 없고 몸이 가는 대로 전후좌우 가릴 것 없이 흔들어 주면 된다. 목도 돌리고 허리도 비틀고 흥이 나면 팔을 돌려도 좋다.

4) 계속해서 5분 정도 가볍게 흔들면서 마무리한다.

5) 천천히 흔들기를 멈춘 후 무릎은 구부린 상태에서 아랫배에 두 손을 얹고 손을 얹은 아랫배에 마음을 모으면서 1분 정도 숨을 고른 후 한 발씩 조심스럽게 발을 오무린다.

6) 바닥에 그대로 누워 가장 편안한 자세로 약 10분 정도 숨을 고른다.

7) 비트가 빠른 음악이나 빠른 리듬의 사물놀이 음악 등을 20분 정도 녹음해 두었다가 시작할 때 음악에 맞추어 흔들어도 좋다.

단식 요법

　모든 다이어트에는 기본적인 원칙이 있는데 그것은 적게 먹어야 한다는 것이다. 어떤 체질이든, 어떤 유형의 비만이든지 이 기본적인 원칙이 지켜져야 한다. 이 기본적인 원칙을 지키기 위해 식욕을 억제하고 감정의 안정을 도모하며 소화가 잘 되도록 도와주고 식사량 감소에 따른 영양 소모를 막아주는 것이다. 그런 의미에서 비만치료에 있어 절식요법은 중요한 역할을 차지하며, 특히 고도비만 환자나 단기간에 살을 빼야 하는 경우는 병행해서 실시하고 있다. 또한 절식요법은 비만치료뿐 아니라 체내 노폐물과 독소의 배출에도 뛰어난 효과가 있다.

　단식요법은 원래 종교에서 수행의 목적으로 시작되었으며 이후 종교에서 분리되어 민간요법에서 건강법의 일종으로 시행되다가 점차 의학적 요법의 한 분야로 발전하고 있다.

　한의서의 일종이며 유명한 양생서인 갈홍葛洪의 《포박자抱朴子》에서는 "장생을 얻고자 하면 장중腸中을 청결하게 하는 것이 마땅하며,

불사를 얻으려 하거든 장중의 찌꺼기를 없애도록 하라"고 주장하고 있다. 비만과 각종 성인병이 문제가 되고 있는 현대에서 이러한 해독을 목표로 한 단식요법은 중요한 의료의 한 분야로 자리잡고 있다.

단식 중에는 외부에서 음식을 섭취하지 않기 때문에 체내에 저장된 영양에서 신체 활동의 에너지를 취하지 않으면 안 된다. 그래서 근육 내부장기 등에 저장된 영양은 전신을 순환하는 혈액에 의하여 운반되어 활동의 원동력으로 사용되며, 이때 조직 내에 정체되어 있던 각종 독소까지 인출되게 된다. 또한 음식 섭취를 중단함으로써 위와 장이 휴식을 가지게 되고, 특히 대장에 음식이 공급되지 않음으로써 장 벽에 정체되어 있던 숙변 및 각종 독소들이 배설되게 된다. 또한 음식의 소화 흡수에 쓰이던 에너지가 노폐물의 제거 및 질병의 치료에 쓰이게 됨으로써 자연치유력이 극대화되는 효과를 볼 수 있는 것이다. 또한 정신수양의 효과가 커서 인간의 기본적인 욕망 중 하나인 음식에 대한 욕구를 극복함으로써 다른 욕망이나 갈등도 쉽게 포기할 수 있게 되며, 맑은 정신을 유지할 수 있게 되는 것이다.

그 외 구체적인 단식의 효과를 들어보면 다음과 같다.

내장이 휴식할 수 있어 몸이 가벼워진다.
체내의 독소를 배출할 수 있다.
인체가 본래 가지고 있었던 자연치유력을 극대화할 수 있다.

체지방을 연소시켜 비만이나 고혈압이 개선된다.

자율신경의 균형이 좋아진다.

머리가 맑아지고 오감이 예민해진다.

식사의 고마움을 알게 되어 식생활을 다시 생각하는 계기가 된다.

스트레스에 대한 내성이 강해진다.

하지만 효과가 좋으면 부작용도 많은 법, 단식의 부작용 또한 만만치 않게 보고되고 있으며 실제 임상에서도 단식한 후 몸이 많이 좋아졌다고 하는 사람도 있는 반면 오히려 더 나빠졌다고 하는 사람도 있다.

그만큼 단식은 '그냥 굶는 것'이 아닌 철저한 준비와 지식을 가지고 해야 하는 일종의 '치료'인 것이다. 따라서 3일 이상의 장기 단식은 반드시 전문가의 지도와 도움 하에 이루어져야 한다. 그냥 인터넷 등에서 정보를 얻어 혼자 하다가는 정말 건강을 망칠 수 있다.

더욱 큰 문제는 단식을 잘못해서 건강을 망친 경우 쉽게 회복이 안 된다는 데 있다. 집에서 편하게 할 수 있는 단식은 하루나 이틀 정도가 적당하다. 이것 역시 몇 가지 주의해야 할 사항을 반드시 지켜야 한다.

단식요법은 감식기, 본단식기, 회복식기, 식이요법기 등의 4단계로 나누어 시행한다. 식사를 하지 않는 본단식기 못지않게 다른 단계도 중요한 의미가 있으므로 4단계의 총기간을 통틀어 단식 기간으로 잡는다.

감식기

감식기는 단식을 위한 준비 기간이다. 단식에 따른 체내의 충격을 완화하고 체중의 급격한 감소를 방지하기 위한 기간이다.

기간은 2일 정도가 적당하며 첫날은 평소 식사량의 70~80%, 둘째 날은 평소 식사량의 50% 정도만 섭취하도록 한다.

생수는 수시로 충분히 섭취하며 처음 단식을 하는 경우 이 기간에 구충제를 복용해주는 것이 좋다.

본단식기

단식은 1~2일 정도의 단기 단식부터 3~9일의 중기 단식, 10일 이상의 장기 단식이 있다. 단지 건강 차원이 아닌 지병이 있는 경우, 또는 장기간 복용하고 있는 약이 있는 경우 단기 단식일지라도 전문가와 상담하는 것이 좋으며 3일 이상의 단식은 반드시 전문가의 지도하에, 혹은 전문적인 의료시설에서 이루어져야 한다.

본단식 기간 중에는 정신과 육체가 모두 예민해지므로 과도한 정신적 자극 및 무리한 운동은 피하는 것이 좋다.

충분한 양(하루 최소 1,000~1,500cc)의 생수를 섭취하고, 천연 비타민 C의 보충을 위해 감잎차를 3회 정도 마시며, 가벼운 맨손체조나 도인체조를 행한다.

회복식기

총 단식 기간 중 가장 중요하며 가장 주의를 기울여야 하는 기간

이다. 기간은 본단식 기간의 2배 정도로 잡아야 하며 신체에 무리
가 가지 않도록 식사량을 조금씩 늘려 나가야 한다.

처음 식사는 미음 한 공기 정도로 시작하여 묽은 죽 한 공기, 그
다음 질게 지은 밥 순으로 점차 음식을 늘려 나간다.

꼭꼭 씹어 천천히 복용하며 지방이 많거나 고단백 음식은 좋지
않고 역시 생수는 충분히 섭취한다.

식이요법기

단식 기간의 마지막 단계이다. 본단식 기간의 6배 정도를 식이요
법기로 하며 이 기간 동안에는 평소 먹던 양의 80~90% 정도의 양
만 섭취한다.

앞 장에서 말한 '담음을 유발할 수 있는 음식'(p. 32 참고)은 제한
하며 그 외에도 지나치게 자극적인 음식은 섭취해서는 안 된다.

특히 단식이 효과가 있는 질환은 각종 알러지성 질환, 비만증, 피
부병, 소화기계 질환, 자율신경 실조로 인한 제 증상, 만성변비, 류
머티스성 관절염, 원인을 알 수 없는 두통, 고혈압, 동맥경화 등을
들 수 있으며 금기증으로는 정신분열증, 결핵, 중증의 위십이지장
궤양, 오래 인슐린요법을 시행하고 있는 환자, 3개월 이상 스테로
이드 제제를 쓰고 있는 환자, 임신부, 청소년이나 고령자는 신중을
기해야 한다.

흔히 다이어트를 마음먹으면 그날 저녁까지 잔뜩 먹고 그 다음날
부터 굶고 1~2일 하다가 배고픔에 식욕을 억제하지 못하고 갑자기

엄청나게 먹어버리는 경우가 있다. 이런 시도가 반복되면 위장을 버리고 체중도 줄지 않고 건강만 손상되고 말게 되는 것이다. 식사량을 줄이는 것은 그렇게 간단한 일이 아니다. 반드시 전문가와 상담하고 또한 충분히 내용을 숙지 후 계획성 있게 행하는 것이 좋다.

다이어트, 혹은 해독을 목적으로 단식을 행하는 경우 하루 정도의 단기 단식을 반복해서 행하는 것이 효과적이다. 즉 토요일이나 일요일 하루 단식을 목표로 하여 주 단위로 반복해서 시행하는 것이다.

예를 들어 일요일을 본단식 기간으로 잡고 금요일부터 이틀 동안 감식기, 월요일과 화요일을 회복식기, 그리고 수요일과 목요일을 식이요법기로 한 뒤 금요일부터 다시 감식기로 들어가는 것이다. 이렇게 하다 보면 신체에 비교적 무리도 가지 않고, 평소 본인 식사량의 최소 0%에서 최대 70~80% 정도를 유지하게 됨으로써 해독과 비만 두 가지 효과를 모두 얻게 된다. 또한, 일상생활을 하면서도 충분히 단식을 행할 수 있음으로 해서 단식으로 인한 일상의 피해를 최소화할 수 있게 된다.

최근에는 단식 기간에 생수와 감입차 외에 천연 발효효소를 복용하는 효소단식이나, 체질과 증상에 맞는 한약을 복용함으로써 지나친 공복감을 없애면서도 효과적으로 단식을 행할 수 있는 방법도 있다.

단식 기간 중 가끔 잠이 안 온다는 분이 있는데, 이것은 신체의 정기가 회복되면서 일시적으로 지나친 각성 상태가 나타나는 것이다. 이는 부작용이 아니므로 안심해도 되고 억지로 자려 하지 말고 책을 보거나 기도나 명상을 하거나 비디오 등을 시청하면 된다. 또한 가벼운 두통이나 몸살 증상도 올 수 있으므로 안심해도 되나 증상이 심한 경우 단식을 중단하고 묽은 죽처럼 위장에 부담을 주지 않는 음식을 섭취하도록 한다.

단식요법에 관한 것은 한 권의 책으로도 모자랄 분량이다. 이 책에서는 가장 중요하고 기본적인 내용만 언급했다. 하지만 질병치료의 목적이 아닌 비만치료나 해독을 목적으로 한 단기단식이 목적이라면 이 책의 내용만으로도 충분할 것으로 생각된다.

마지막으로 우리 아이들의 공부를 방해하는 적은 바로 체력 저하이다. 학년이 올라갈수록 더욱 중요해지는 게 바로 체력 문제이다. 책상에 앉아 꾸벅꾸벅 졸고 학교만 다녀오면 가방 내팽개치고 누울 자리만 찾는다면 보고 있는 부모도 참으로 답답한 일이다. 차라리 공부가 안 되어서 나가 놀 궁리만 하는 아이라면 그래도 덜한데 공부하고 싶어도 체력이 달려 공부를 하지 못한다면 그것 또한 보통 문제가 아닐 것이다. 보통 아이가 힘들어하면 부모님들은 체질에 관계없이 홍삼, 영양제, 건강보조식품, 흑염소 등을 마구 해다 먹이는데 참으로 큰일이 아닐 수 없다. 요즈음 건강식품이 너무 범람하고 그 정보가 너무 여과됨 없이 마구 퍼지고 있어 소비자들을 현혹시키니 비단 청소년뿐만 아니라 어른들도 그 피해가 만만치 않다.

총명한
아이를
위하여

03

"총명탕 좀 지으러 왔는데요……. 아이가 도통 집중을 잘 못하고 산만해요."

"책상 앞에만 앉으면 졸아요. 좀 정신이 번쩍 들게 하는 약은 없나요? 총명탕 같은 것……."

아마도 엄마들이 가장 많이 알고 계시는 한방 처방 이름을 들라고 하면 바로 총명탕이 될 것이다. 그 이름이 주는 강렬한 의미 덕에 총명탕을 모르는 엄마들은 거의 없다. 그렇다면 총명탕이 실제로 있는 처방일까?

총명탕(聰明湯) : 잘 잊어버리는 것(건망)을 치료한다. 오래 복용하면 하루에 천 마디 말을 외울 수 있다. 백복신, 원지(감초 달인 물에 담갔다가 심을 빼고 생강즙으로 법제한 것), 석창포 모두 같은 양. 이 약들을 썰어 세 돈씩 물에 달여 먹는다. 또는 가루 내어 두 돈씩 하루 세 번 차를 끓인 물에 타서 먹는다.

《의학입문》

《동의보감》 신문神門 중 열한 번째 건망健忘조에 나오는 내용이다. 주로 거담개규(祛痰開竅, 담을 없애주면서 구멍을 열어줌. 한방에서 심장을 보는 관점은, 심장에는 구멍이 7개가 있어 여기로 신[神]이 들락날락하는데 이 심장의 구멍에 담이 끼면 잘 잊어버리게 된다)하고 보심안신(補心安神, 심장을 보하고 신을 안정시킴)시키는 약물로 이루어져 있다.

그렇다면 한의사들도 이 처방을 많이 쓸까? 나의 경우 이 처방을 그대로 쓰는 경우는 거의 없다. 사실 중요한 것은 아이들의 집중력을 높이는 것이 아니라 아이들이 집중하지 못하는 원인을 제거해주는 것이고, 기억력을 높여주는 것이 아니라 그 나이 아이들보다 기억력이 떨어질 수밖에 없는 원인을 제거해주는 것이다. 때문에 그러한 원인들을 찾아 그 원인을 제거해주는 것이 중요하며, 때에 따라 총명탕 약물을 그러한 약에 가감해서 처방해주는 것이다.

자, 이제 사고의 전환이 필요할 때이다. 아이들의 공부를 방해하는 적이 무엇인지, 왜 우리 아이는 집중을 못하는지, 왜 우리 아이는 학교만 다녀오면 책가방을 내팽개치고 침대로 직행하는지 그 원인을 바로 알고 그에 따라 대처해야 한다.

원인도 모르고 총명탕만 지어 먹인다든지 홍삼, 흑염소, 개소주, 녹용즙 등 온갖 건강기능성 식품이나 보양식만 가져다 책상 위에 올려주는 방식으로는 더 이상 우리 아이들의 학업성적과 건강을 책임질 수 없기 때문이다.

그럼, 임상에서 가장 자주 볼 수 있는 우리 아이들의 문제를 하나씩 짚어보기로 하자.

아이들의 공부를 방해하는 적

식적

집중력 저하—산만하고 가만히 있지 못하는 아이

체력 저하—너무 잘 지치는 아이

우리 아이들의 공부를 방해하는 첫 번째 적은 바로 식적食積이다. 식적이란 만성적인 소화장애를 의미한다. 어쩌다 한번 체하는 것이 아니라 만성적으로 체기가 지속되는 것이다.

식적이 오래되면 단지 소화불량·속쓰림·헛배부름·배아픔·매스꺼움·식욕부진 등의 소화기 증상만 나타나는 것이 아니라 여러 가지 부수적인 증상을 동반하게 되는데 예를 들면 만성적인 피로·두통·요통·슬관절통증·부종·어깨결림·어지럼증·생리통 등의 증상이 나타나게 된다.

하지만 아이에게 이런 증상이 나타나면 이것이 소화기에서 파생된 증상이라는 것을 인식하지 못한 채 진통제만 복용시키거나 물리치료만 받는 등 근본적인 문제를 제거해주지 못해 증상이 악화되거나 양약을 무분별하게 복용함으로써 오히려 비위 기능을 손상시키는 결과를 낳게 된다.

비위(脾胃, 소화기)는 오행상 중앙토에 속하고 후천지본後天之本이라 하여 인체를 자양해주는 근본이며 다른 모든 장기에 직접적으로 영향을 미칠 수 있으므로 식적이 있다면 이것부터 해결해 주어야 증상을 근본적으로 개선시킬 수 있다.

우리 아이들의 공부를 방해하는 또 다른 적은 바로 집중력 장애이다. 12살 된 상민이는 집중력 장애로 인해 상담을 받으러 내원했다. 주된 증상은 가만히 있지를 못하고 무슨 일이든 오래 지속하지 못하며 공부를 할 때면 집중이 안 되고 몸을 계속 움직인다든지 산만한 행동을 보였다.

어릴 때부터 잠시도 가만히 있지를 못하고 여기저기 돌아다니면서 이것저것 만지거나 관심을 보이다가 금방 관심이 딴 데로 가서 다른 것을 만진다든지 하는 행동을 보이곤 했다. 숙제를 하다 보면 산만한 행동으로 인해 다른 아이에 비해 서너 배 오랜 시간이 걸리고 학교에서도 산만한 행동으로 지적받기 일쑤였다.

병원에서 ADH^{Attention Deflicit Disorder}로 진단받고 치료를 시작했으나 양약을 오래 복용시키는 것에 대한 두려움과 치료 후에도 별다른 호전이 없어 내원했던 것이다. 실제로 이 아이는 진료 중에도 가만히 있지 못했고 어머니와 상담 중에도 진료실 내를 돌아다니면서 이것저것 만지는 등 잠시도 가만히 있지 못하는 행동을 보였다.

집중력 장애 및 과잉행동 장애^{Attention Deficit Hyperactivity Disorder, ADHD}란 지속적으로 집중력이 부족하고 과잉행동, 충동성을 특징으로 하는 질환이다. 약 50% 정도는 만 4세 이전에 증상을 보이기 시작하며, 유치원이나 학교 입학과 함께 뚜렷한 문제를 일으키는 경우가 많다.

2005년 서울대 병원에서 조사한 서울시 소아 청소년 정신장애 유병률 연구 결과에서 13.25%가 ADHD에 해당되는 것으로 조사되었을 정도로 한국에서 흔한 질병이다.

아동기에 지속되던 증상은 성장하면서 자연스럽게 좋아지는 경우가 있지만 청소년기와 성인기에까지 증상이 남게 되는 경우도 많다. 주된 증상은 세 가지 방면으로 나타나며 이 증상과 더불어 다양한 공존증상이 추가되어 나타나기도 한다.

마지막으로 우리 아이들의 공부를 방해하는 적은 바로 체력 저하이다. 학년이 올라갈수록 더욱 중요해지는 게 바로 체력 문제이다. 책상에 앉아 꾸벅꾸벅 졸고 학교만 다녀오면 가방 내팽개치고 누울 자리만 찾는다면 보고 있는 부모도 참으로 답답한 일이다. 차라리 공부가 안 되어서 나가 놀 궁리만 하는 아이라면 그래도 덜한데 공부하고 싶어도 체력이 달려 공부를 하지 못한다면 그것 또한 보통 문제가 아닐 것이다.

보통 아이가 힘들어하면 부모님들은 체질에 관계없이 홍삼, 영양제, 건강보조식품, 흑염소 등을 마구 해다 먹이는데 참으로 큰일이 아닐 수 없다. 요즈음 건강식품이 너무 범람하고 그 정보가 너무 여과됨 없이 마구 퍼지고 있어 소비자들을 현혹시키니 비단 청소년뿐만 아니라 어른들도 그 피해가 만만치 않다.

식적

만성적인 소화장애를 의미하는 식적의 증상과 특징, 그리고 원인과 예방법은 아래와 같다.

증상

소화기 증상

- 소화가 안 된다는 이야기를 자주 한다.
- 배가 아프고 설사를 잘한다. 특히 밥만 먹으면 화장실을 간다.
- 공부하려고 앉아 있으면 헛배가 부르다.
- 속이 쓰리고 아프다.
- 트림이 자주 나고 쓴물이 넘어온다.

전신 증상

- 얼굴이 누렇거나 오래 세수를 안 해서 때가 낀 듯하다.

• 식욕이 불규칙하다. 갑자기 배가 고프면 급하게 음식을 찾고 안
  먹을 때는 전혀 안 먹는다.

• 손바닥이 뜨겁다.

• 자꾸 누우려고 한다.

• 팔다리가 나른해 잘 움직이려 하지 않는다.

• 밥을 먹고 나면 눈이 빠질 듯 아프다.

• 눈다래끼가 잘 난다.

• 살이 갑자기 찌거나 갑자기 마른다.

• 머리가 아프거나 무겁고 집중이 안 되는데, 특히 식후나 속이 더
  부룩하면 심해진다.

• 목덜미가 아프고 어깨가 무거우며 심하면 목을 돌리지 못한다.

• 입에서 냄새가 난다.

형상적인 특징

• 입이 크고 입술이 두툼하다.

• 얼굴이 동그랗고 통통한 편이다.

• 입을 잘 벌리고 있거나 입술에 주름이 많다.

• 여학생의 경우 코가 큰 편이다.

• 팔다리가 너무 길고 마른 체형이거나 반대로 몸은 큰데 팔다리가
  짧은 편이다.

• 입술이 삐뚤어져 있다.

• 입술이 붉거나 혹은 푸른 빛을 띤다.

• 얼굴이 돌출형이고 배도 나오고, 여학생의 경우 가슴이 크다.

위와 같은 증상을 보이는 아이들은 식적이 있을 가능성이 아주 높다. 이런 아이들은 식적을 완화시켜주는 치료를 해주어야 하며, 특히 이러한 증상이나 특징과 함께 아래와 같은 증상이 있다면 이 증상의 원인은 식적에 의한 비위기능 실조가 원인이 되어 나타나는 것이므로 먼저 식적을 치료해주어야 한다.

식적이 원인이 되는 질환들

• 두통, 편두통
• 발열
• 어지럼증
• 아토피성 피부염 및 두드러기
• 요통, 특히 아침에 자고 일어날 때 심하거나 앉아 있으면 심해지
  는 요통
• 슬관절 통증
• 만성피로
• 생리통 및 주기적인 하복부의 통증, 과도한 질분비물
• 머리가 맑지 않고 글씨가 눈에 들어오지 않는다
• 조금만 공부해도 자꾸 눕고 싶고 헛배가 불러 집중이 안 된다
• 몸이 잘 붓는다(특히 아침에 얼굴과 팔다리가 붓는다)

• 어깨가 심하게 결리고 아프다

• 모든 증상이 비가 오거나 날씨가 궂으면 심해지는 경향이 있다

이처럼 식적은 단지 소화기 증상에 국한되는 것이 아닌 전신적으로 영향을 주며, 유아기 아이들의 경우 여러 가지 질병(심지어는 감기까지-소아의 발열 중 의외로 식적에 의한 발열이 많다)을 유발하는 근본 원인이 된다. 또한 소아기와 청소년기에는 학습장애를 유발하는 대표적인 원인 중 하나이기도 하다.

일단 이런 증상이 있다면 먼저 한의원에서 상담을 받아 보는 것이 좋다. 상담 후 필요하다면 비위기능을 개선하고 식적을 없애는 한약을 복용하면 쉽게 치료가 되기 때문이다. 또한 비위 질환은 특히 평소의 생활습관이 중요하므로 한약 복용과 함께 다음과 같은 사항을 주의하여야 한다.

식적이 있는 아이들이 주의해야 할 점

• 아침은 잘 먹고 저녁은 가볍게 먹는다.

• 저녁식사 후 밤에 야식을 먹지 않는다.

• 음식을 급하게 먹지 않는다.

• 여러 번 씹어 침과 음식이 완전히 섞이면 삼키도록 지도한다.

• 음식을 먹을 때 음악을 듣는다.(좋아하는 음악 중 너무 빠르고 비트가 강하지 않은 음악-비장은 음악을 좋아한다.)

- 식사 후 바로 책상에 앉거나 눕지 말고 반드시 200~300걸음 정도 걷는다.
- 아이스크림·냉면·음료수 등 찬 음식은 가급적 피한다.
- 과일, 생것, 날것 등은 많이 먹지 않는 것이 좋다.(특히 식후)
- 물론 과식은 절대금물! 배가 고프건 안 고프건 먹는 양을 일정하게 유지한다.
- 입맛이 없다고 하면 일단 먹이지 말고 원인이 무엇인지 찾는다.

너무 딱딱하고 거친 음식은 좋지 않으니 소화가 잘 되는 음식으로 섭취시킨다. 침보다 더 위기胃氣를 기르는 것은 없다. 반드시 여러 번 씹어 침과 음식이 잘 섞인 후 삼키도록 지도한다.

우리 부모님들, 예로부터 아이들이 먹지 않으면 한 끼라도 굶는 것이 안타까워 한 숟가락이라도 억지로 먹이는 경우가 많다. 과거 먹는 것이 부족해 곡기가 위에 들어가지 못해 비위가 상한 경우 억지로라도 조금 먹으면 위기가 돌아와 속이 편해지는 경우가 있었지만, 요즘처럼 먹을 것이 흔한 경우는 절대 예외이다.

이런 것들이 오히려 요즘 아이들에게서 나타나는 식적의 원인 중 하나이다. 음식의 경우 체질에 따라 좋고 나쁜 것이 다르므로 무엇이 좋다고 단정 짓기 어렵다. 예를 들면 꿀의 경우 비위가 선천적으로 약한 비위허한脾胃虛寒 체질의 경우 먹으면 좋지만 과식으로 인해 후천적 비위가 나빠져 습열이 생겨 있는 경우는 먹으면 오히려 해롭다.

소화불량에 좋은 음식

고추

식사 중에 풋고추를 많이 먹으면 좋다. 고추는 성질이 따뜻하고 맵기 때문에 식욕을 증진하고 위장운동을 돕는다. 위에 열이 많은 사람(평소 갈증을 많이 느끼고 손발이 뜨거우며 식욕은 너무 좋은데 소화가 안 되는 경우)이나 위궤양·위염을 앓아 명치 밑이 자주 아픈 사람은 많이 먹으면 좋지 않다

들깨

들깨 25~30g을 1회분 기준으로 1일 2~3회, 10일 이상 생식한다. 만약 소화가 다소 덜 되는 느낌이 있으면 살짝 볶아서 먹는다. 들깨는 고추와 반대로 위염이나 위궤양이 있거나 식욕은 좋은데 소화가 안 되는 사람에게 오히려 좋다.

매실

매실절임을 매끼마다 5~6조각씩 먹으면 식욕도 증진되고 식중독과 소화불량 예방에도 효과가 있다. 매실절임 1~2조각을 맨입에 씹으면 입냄새 제거에도 그만이다. 체질에 관계없이 먹어도 좋다.

토마토

토마토 80~100g을 1회분 기준으로 1일 5~6회씩 1주일 정도 공복에 생식한다. 주로 위에 열이 있는 아이(평소 식욕은 좋은데 너무 음식을 많이 먹거나 불규칙한 식사로 잘 체하는 경우)에게 적합하며 몸이 차고 손발이 찬 아이, 손바닥이 희고 푸른빛이 도는 아이의 경우 적합하지 않고 이 경우 꿀이나 조청에 찍어 복용하는 것이 좋다.

식적이 있는 아이-사봉 따주기

이런 증상을 나타내는 아이들이 있을 때 집에서 손쉽게 증상을 완화시켜줄 수 있는 방법 중 하나가 바로 사봉혈을 따주는 것이다. 예전에 의료 혜택이 고르지 않던 시절 배앓이를 하는 아이가 있으면 동네에 '따주는' 할머니들이 즐겨 쓰시던 방법이 바로 이것이다.

그림과 같이 손가락 두 번째 마디를 보면 약간 볼록하다는 느낌이 드는 곳이 있는데 이곳을 사혈침으로 살짝 찔러 약간의 피를 내어주면 된다. 경우에 따라 맑은, 혹은 약간 노란빛을 띄는 액체가 단독으로 혹은 피와 함께 섞여 나오기도 한다. 얼굴이 누리끼리하던 아이들도 사봉혈을 잘 따주면 바로 혈색이 호전되고 속이 편안해지기도 한다.

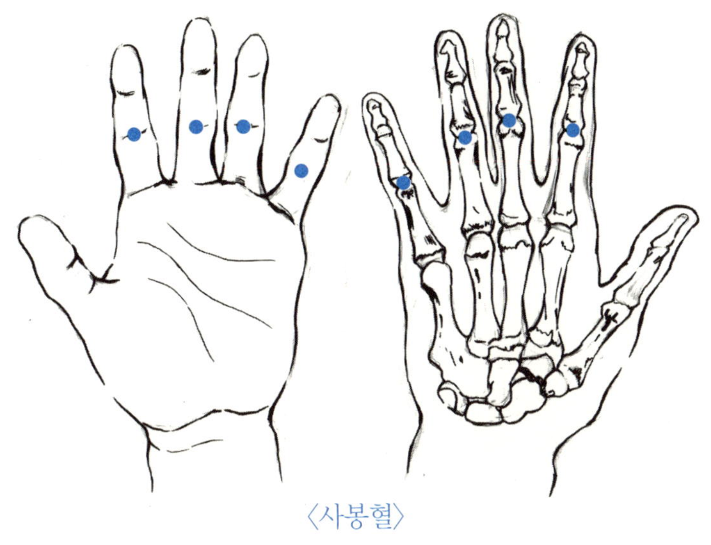

〈사봉혈〉

일반적으로 체하면 손가락을 따주는데 이것은 급체에는 잘 들으나 만성적으로 식적이 있는 경우 잘 듣지 않는다. 이때 사봉혈을 따주면 도움이 된다. 3~4일 간격으로 한 번씩 총 3회 정도 따주면 좋다.

집중력 저하 산만하고 가만히 있지 못하는 아이

앞서 들은 예처럼 ADH로 진단받는 경우가 아니더라도 집중력이 떨어지고 산만하다고 한의원에 내원하는 아이들이 점점 많아지고 있다. 대개의 부모들이 자녀의 집중력이 떨어진다고 골머리를 앓고 있다. 이러한 증상이 정도가 심하거나 지속적으로 나타나면 ADH 혹은 ADHD로 진단하게 된다.

증상

주증상

집중력 저하

- 과제나 기타 활동 중 세심한 주의를 기울이지 못하거나 조심성이 없고 실수를 잘 한다.
- 과제수행이나 놀이 중 지속적으로 집중하기가 어렵다.

- 다른 사람이 말하는 것을 귀기울여 듣지 않는 것처럼 보이고 들
  은 것도 잘 기억하지 못한다.
- 지시대로 잘 따라하지 못하고 간단한 일도 끝내지 못한다.
- 체계적이고 조직적으로 해야 하는 과제나 활동을 하기 어렵다.
- 학업이나 숙제 등을 피하고 싫어하거나 아예 하지 않으려고 한다.
- 학교 준비물을 자주 잃어버린다.
- 조금만 자극이 있어도 쉽게 주의가 산만해진다.

과잉활동성

- 가만히 앉아 있지 못하고 손발을 만지작거리거나 몸을 뒤튼다.
- 교실이나 학원, 식당, 집에서도 가만히 있지 못하고 여기저기 돌아다
  닌다.
- 쉴새없이, 끊임없이 움직이며 관심이 여기저기로 옮겨 간다.
- 말을 지나치게 많이 하며 쓸데없는 질문도 많이 한다.

충동성

- 질문이 다 끝나기도 전에 불쑥 대답한다.
- 차례를 잘 기다리지 못한다.
- 다른 사람이 하는 일에 불쑥 끼어들어 참견한다.

약 30%의 경우는 주증상만 나타내며, 나머지의 경우 다음과 같
은 공존증상을 나타내게 된다.

공존질환

학습장애(약 20~40%)

지능검사에서는 정상이지만 읽기, 글씨 쓰기, 수학 문제 등의 특정 영역에서 다른 아동에 비해 훨씬 떨어지는 경우이다.

우울장애(약 30%)

ADHD 증상이 지속되면 부모님과 선생님께 수시로 야단맞게 되고 친구를 사귀는 데도 어려움을 겪게 되면서 정서적으로 위축되고 이로 인해 우울증이 발생하는 경우가 있다.

불안장애(약 27~30%)

주로 남아에게 나타나는데, 과도한 불안증을 나타내면서 쓸데없는 걱정을 하게 된다.

틱장애(약 25~80%)

자신의 의지와 무관하게 얼굴이나 신체의 일부를 움직이는 운동 틱motor tic과 소리를 내게 되는 음성 틱vocal tic이 있다.

적대적 반항장애(약 50%)

부모의 요구를 거부하고 화를 잘 내고 앙심을 품고 자신의 잘못은 인정하려 하지 않고 남의 탓만 하고 매사를 적대적으로 생각하

고 행동하는 경우가 이에 해당된다. 이러한 장애는 부모가 강압적
이고 맞대응하고 자주 지적하고 화를 많이 낼수록 심해지는 경향
이 있다.

강박장애

자신의 의지를 벗어나서 특정한 생각이나 행동을 반복하게 되는
상태를 말한다.

게임중독

아동들은 대개 공부에는 집중할 수 없지만 게임에는 집중하는 경
향을 보이는데 게임을 하다 보면 공부에서는 맛볼 수 없었던 자기
유능감을 느끼게 되고, 또래들로부터 인정을 받게 되기 때문에 쉽
게 게임중독에 빠진다. 심한 경우 게임을 하지 못하면 불안하거나
초조한 증상을 보이게 된다.

ADHD에 잘 걸리는 아이의 신체적인 특징

모든 체질과 유형에서 나타날 수 있으나, 특히 다음과 같은 특징
을 가진 아이에게서 두드러지게 나타난다.

- 눈꼬리와 코가 모두 올라가 있다.
- 얼굴이 역삼각형이다. 전체적으로 얼굴형이 하관이 약한 편이다.

- 아주 심하게 마르거나 심하게 비만이다.
- 눈 밑이 어둡고 다크서클이 심하다.
- 얼굴색이 탁하거나 푸른빛을 띤다.
- 산근(눈과 눈 사이 코가 시작되는 곳)이 푸르거나 푹 꺼져 있는 아이

한의학적인 치료

ADHD의 기본적인 병리는 화火이다. 때에 따라 담음이나 신음허腎陰虛, 울증鬱症, 담허膽虛 등의 부수적인 증상이 더해지긴 하나 그 기본적인 병리를 따져보면 모두 화의 극성에 의한 병이다.

위에서 나오는 증상들을 가만히 보면 기본적인 증상의 경우 모두 화의 극성에서 나오는데 화의 성질이 '급박함', '위로 치밀어 오름', '변화가 빠름', '움직이려 하고 가만히 있지 못함' 등의 성질을 가지기 때문이다. 따라서 치료에 있어서는 그 화의 허실을 잘 살펴 다스려 주는 방법이 주가 된다.

예를 들어 위의 증상 중 과잉활동성의 경우 주로 음화화동陰虛火動의 증상과 거의 일치하며 충동성의 경우 심화心火 증상과 거의 일치한다. 적대적 반항장애의 경우 간화肝火 증상과 일치하며 강박장애의 경우 비열脾熱 증상과 일치한다.

그 외 부수적인 증상 역시 예를 들어보면 불안증의 경우 한방변증상 담허膽虛증과 일치하며 우울장애의 경우 심허心虛증과 일치하게 된다. 따라서 한방치료 역시 특정한 처방이 고정적으로 있는 것이

아니라 아이들의 증상에 따라 변증하여 그 증에 맞게 처방을 내리는 것이다. 문제는 치료기간인데 한약을 오래 복용해야 한다. 짧게는 6개월, 길게는 2년 정도 한약을 복용해야 증상이 좋아진다. 물론 침치료를 병행하거나 증상이 심하지 않은 경우 치료기간이 훨씬 짧아질 수도 있다.

임상에서 보면 엄마들이 이 기간을 기다리는 것이 쉽지 않은 것 같다. 일단 금전적인 부담도 있겠지만 주된 이유는 한방치료에 대한 불신 때문인 듯하다. 약을 먹어도 금방 눈에 띄는 변화가 없으니 불안하기도 하고 또 한약을 오래 먹이는 것에 대한 주변사람들의 간섭도 있고 또 아이가 약을 잘 안 먹으려고 하는 것 등 여러 가지 이유가 있는 것 같다. 하지만 분명한 것은 한약을 투약하면 반드시 변화가 있다. 또 변증에 의해 잘 처방된 약이라면 오래 먹는다고 해서 문제될 것이 없다.

나의 경우를 예를 들면 어쩌다 보니 고등학교 3학년 때 위의 반을 제거하는 큰 수술을 받았다. 이후부터는 늘 몸이 약해 고생하고 있다. 한방에서는 위장을 후천지본後天之本이라 하여 선천적으로 타고난 건강을 제외하고는 위장 기능의 강약을 가장 중요한 건강의 요소로 보고 있다. 따라서 위장이 반밖에 없는 나로서는 건강한 삶을 유지하는 것이 거의 어렵다고 할 수 있다.

하지만 나의 경우 그나마 한약을 오래 복용하기 때문에 건강을 유지할 수 있다. 나는 거의 일 년 동안 몇 달을 제외하고는 한약을 늘 먹는데, 전혀 간기능에 문제가 없으며 그 외 어떤 건강상의 문제도 발견되지 않는다. 보통 아침에 9시에 출근하면 저녁 7시까지 밥 먹고 화장실 가는 시간을 제외하고는 늘 허리를 구부리고 침을 놓거나 환자와 상담을 하는데 피로하긴 해도 그나마 이렇게 일할 수 있는 것은 한약의 덕일 것이다.

아무튼 한약에 대한 세간의 이런저런 말 때문에 한방치료를 망설이는 분이 계신다면 그것은 그야말로 기우에 불과하다는 것을 말하고 싶다. 한방에서도 ADHD에 대한 다양한 치료법과 치료 사례가 있으니 너무 양방치료만 고집하지 말고 한방치료에 관심을 가져주기 바란다.

ADHD의 식생활 관리

앞서 설명하였듯이 저혈당은 ADHD와 밀접한 관계가 있다. ADHD 증상을 가진 아이들은 기본적으로 저혈당을 유발할 수 있는 식생활은 반드시 피해야 한다. 특히 설탕을 비롯한 탄수화물(흰 쌀밥·국수·빵·과자·시리얼 등) 위주의 식습관은 반드시 피해야 한다. 식품 첨가제와 ADHD가 연관이 있다는 많은 연구가 있다. 첨가제가 들어간 인스턴트 음식, 가공 음식(햄·소시지 등) 등도 반드시 피한다.

상대적으로 단백질과 섬유질이 풍부한 음식을 많이 먹는다. 생선, 지방 함유가 적은 쇠고기와 닭고기 등을 골고루 섭취할 수 있도록 한다. 필수지방산, 특히 오메가—3의 결핍은 ADHD 환자의 특징 중 한 가지이다. 반드시 생선을 많이 먹이고 별도로 오메가—3를 먹이도록 한다.

견과류(아몬드·호두·잣·땅콩) 등도 많이 섭취한다. 특히 호두는 뇌를 건강하게 하고 마음을 안정시키며 생진生津시키는 작용이 있으므로 많이 먹인다. 서양의학적으로도 견과류에 풍부한 마그네슘이 ADHD 치료에 유용한 것으로 나타나고 있다.

비타민 B군과 아연, 칼슘의 결핍이 ADHD와 관계가 있다는 연구가 많이 나오고 있다. 이러한 영양소가 풍부한 음식을 먹이고 보조적으로 종합비타민제를 먹여도 좋다.

체력 저하 너무 잘 지치는 아이

무엇보다 중요한 우리 아이들의 체력 저하를 극복하기 위해 요즘은 부모들이 인삼이다 홍삼이다, 그것도 쓴맛 때문에 잘 먹지 않는다고 해서 여러 가지 가공품으로 만들어 먹이고 있다.

그 외에도 넘쳐나는 건강 기능성 식품의 광고에 현혹되어 여러 가지 건강식품을 무분별하게 먹이는 경우가 많다. 광고만 보면 이보다 더 좋은 약이 없을 듯하지만 광고만 믿고 복용시키다 보면 그 폐해가 만만찮으므로 아래의 내용을 찬찬히 살펴보기 바란다.

우선, 인터넷을 검색해보면 쉽게 민들레의 효능에 대해 알아볼 수 있을 것이다. 신문이나 인터넷 통신판매 등에서 판매하는 민들레의 효능을 보면 다 이와 비슷하거나 이보다 더 효능이 많다.

간염, 감기에서 원기부족, 암, 심지어 화상까지 거의 만병통치 수준인데 이렇게 좋은 약을 '이제껏 한의원에서는 왜 안 권했었나' 하는 의문이 들 정도이다. 광고에서 말하고 있는 민들레의 효능을 보면 다음과 같다.

간염, 감기, 감모발열, 강장보호, 강정제, 갱년기장애, 근골강화,
급만성 부비강염, 급성 결막염, 급성 기관지염, 급성 유선염, 급성
췌장염, 급성 편도선염, 화농성 감염, 기침, 기관지염. 나력, 늑막
염, 골막염, 담낭염, 대소장유익, 대하증, 만성간염, 만성 위장염,
복통, 부고환염, 식욕부진, 식중독, 신경통, 심장병, 십이지장궤양,
원기회복, 위궤양, 위산과다. 위암, 위염, 위장염, 위통, 지방간, 천
식, 치질, 피로회복, 피부병, 해독, 해열, 허약체질, 화상, 황달 등
많은 치료 효과가 있다.

그렇다면 본초학(한약제에 대한 학문) 교과서에 나오는 민들레의 효
능에 대해서도 알아보자.

포공영(蒲公英) : 국화과에 속한 다년생 초목인 민들레 및 동속근
연식물의 대근전초(帶根全草, 뿌리를 포함한 전체)이다. 맛은 쓰고 달
며 성질은 차고 독이 없다. 간경락과 위경락으로 들어가며 그 효능
은 청열해독(淸熱解毒, 열을 없해고 열독을 풀어줌, 일종의 소염작용)하
고 소옹산결(消癰散結, 부스럼이나 멍울 등을 없애줌)한다. 본품은 청
열 또는 해독산결하는 작용이 아주 강해 정독(疔毒, 악성종기의 독)
또는 유옹(급성유선염), 나력(瘰癧, 결핵성 경부임파선종) 등의 증에
응용하는데 단방으로도 그 효능이 뛰어나다.
(…중략…)
주로 위에 열거된 증후들 가운데서 비교적 중한 경우에 적용한다.

금기는 간신허자肝腎虛者는 적당하지 않고 허한기함虛寒氣陷한 경우 신
중히 사용해야 한다.

《임상본초학》(신민교 저)

민들레가 효능이 뛰어난 약임에는 분명하다. 그렇다고는 해도 민
들레가 결코 일반적 의미의 보약은 아니다. 한방에서 말하는 청열
해독약이라는 것은 일종의 소염제라고 보면 비슷한데 염증을 삭히
기 위해서 사용하는 약들로, 이에 속한 대부분 약들이 쓰고 찬 성
질이 강하다.

체격이 건장한 사람의 급성 염증성 질환에 일차적으로 쓰는 약재
인데 위의 금기를 보면 간신허자, 즉 간과 신장이 허약한 사람에게
는 쓸 수 없으며 허한기함, 즉 몸이 차고 기가 허해서 기의 흐름이
내려앉은 사람에게는 신중히 써야 한다고 나와 있다.

예를 들어 평소 몸이 차고 피로를 느끼며 체력이 약한 여자 환자
가 급성유선염이나 결핵성 임파선염에 걸렸다면 초기에 잠시, 그것
도 찬 성질은 조금 누그러뜨리는 다른 약재와 배합하여 쓸 수 있으
나 오래 써서는 안 되며 항상 환자의 비위 기능이나 체력 상태를 고
려하여 신중히 사용해야 하는 것이다.

또한 위염의 경우로 예를 들어 보면, 평소 육류를 즐기고 소화력
이 좋으며 몸이 덥고 갈증을 잘 느끼는 등 위열에 의한 위궤양이나
위염이 있는 사람은 효과를 볼 수 있지만(그마저도 오래 쓰면 위기를 손
상시켜 오히려 해롭다), 평소 소화가 안 되고 손발이 차며 위산 분비가

부족한 사람이 위염이나 위궤양이 걸렸다면 절대 써서는 안 되는 약이다.

게다가 민들레는 강정제도 아니며 원기부족을 돕는 약도 아니다. 한마디로 허약체질에는 절대 써서는 안 되는 그러한 약인 것이다. 이런 약이 건강식품으로 둔갑하여 남녀노소 할 것 없이 마구 복용하고 있으니 그 폐해는 복용하는 사람뿐만 아니라 주위 가족까지 적지 않다.

다음은 한때 한참 유행했던 봉삼鳳蔘에 관한 내용이다. 한 인터넷 사이트에서 봉삼에 대한 소개글을 인용해본다.

봉삼이란 인삼에서 홍삼, 흑삼 이런 삼이 아닌 백선피이며 봉황 산삼의 줄인 말로 인삼 및 산삼의 뿌리가 봉황을 닮았다 하여 봉삼, 또는 봉황삼이라고 칭한 것이 그 유래입니다.

과거에 주로 만주지방에 나는 삼 중에 뿌리의 모양이 봉황을 닮아서 넓게 퍼진 듯한 모양을 한 삼이 있어 이를 봉삼이라고 하는데 봉삼의 효능은 인삼의 주성분인 사포닌은 주로 잔 뿌리 쪽에 많은데 봉삼은 그 잔뿌리가 많아서 인삼과 산삼 중에 산삼의 효능이 뛰어난 것처럼 사포닌이 많이 포함되어 인체에 놀라운 효과를 볼 수 있는 특유의 효능을 지니고 있으며 요즘 나오는 흑삼과 비슷하다고 합니다.

봉삼은 구하기가 어렵기에 필요하시면 흑삼을 이용하셔도 효능이 상당하며 특히 효과는 노화된 피부, 당뇨, 오장육부에 좋은 특성을 지니고 있는 것이라고 말하는 듯합니다.

참고적으로 중국의 진시황도 봉삼은 그 많은 심마니를 보내어 구하게 하였으나 구하지 못하였다 하는 전설도 있듯이 구입하는 것이 어렵다는 사항입니다.

글쓴 의도가 매우 의심(?)스러운 이러한 글들은 한두 군데 나오는 것이 아니라 여러 곳에서 반복적으로 이와 유사한 글들이 등장한다. 주로 '…놀라운 효과…' '…특이한 효능…' '…인삼보다 구하기 어려운…' 등의 표현을 써서 소비자들을 현혹하고 있다.

글은 쓴 사람은 주로 자연요법 전문가, 약초 전문가라고 자신을 소개하고 있는데 도대체 전문가라는 사람이 어떻게 이런 글을 쓸 수 있는지 모르겠다.

봉삼은 끝에 삼蔘 자만 붙었지 인삼이나 산삼과는 전혀 관계가 없다. 인삼과 산삼은 오갈피나무과에 속하지만 봉삼은 산초과이며 그저 피부질환을 치료하는 흔한 약재이고 가격도 그리 비싸지 않다. 지금 바로 약재상에 알아본 결과 현재 시세로 근(600g)당 6,500원 정도 한다. 이런 약이 한때 신비한 효능이 있는 귀한 보약이라며 수백만 원에 거래되기도 했으니 정말 기가 막힐 노릇이다.

봉삼 역시 염증성 피부질환에 응용하면 좋은 약재임에 틀림이 없으나 맛이 쓰고 성질이 차가워서 오래 복용하거나 염증이 없는 사람, 몸에 기가 부족하거나 찬 사람 등은 먹으면 오히려 심각한 부작용을 일으킬 수 있는 약재이다.

홍삼의 경우도 예외가 아니다. 홍삼에 대해 잘못 알려진 사실 중가장 대표적인 것이 '체질이나 증상과 관계없이 먹어도 된다'와 '오래 먹어도 해가 전혀 없다'는 것, 그리고 '고혈압 환자의 경우 인삼은 좋지 않지만 홍삼은 먹어도 좋다'이다. 주로 홍삼을 판매하는 곳에서 이러한 말을 퍼트리고 있고 쥐나 토끼를 임상실험 대상으로 하여 쓴 논문을 인용하여 광고하고 있는데, 조금만 생각해보면 상식적으로도 납득이 가지 않는 부분이다.

체질이나 증상과 관계없이 오래 먹을 수 있다면 그것은 약이 아니라 음식이다.. 우리가 김치가 몸에 좋지만 약으로 쓰지 않는 이유는 그 성질이 치우침이 없고 완만하기 때문이다. 따라서 체질에 관계없이 먹을 수 있고 오래 먹어도 문제가 되지 않는 것이다. 하지만 김치를 고혈압 치료제로 쓸 수는 없고, 먹으면 힘이 불쑥 솟아난다고 광고한다면 그것은 말이 되지 않는 것이다.

한의학에서는 모든 것을 다 약으로 쓸 수 있다는 개념이지만, 일반적으로 우리가 약으로 먹는가, 음식으로 먹는가의 구분은 약성의 치우침이 없는가 있는가이다.

홍삼이 정말 효과가 좋은 약이라면 체질이나 증상에 관계없이 오래 먹어도 된다는 말은 전혀 앞뒤가 맞지 않는다. 인삼은 폐기허(흰색은 오행상 폐에 속함)에 먹는 약이며 홍삼은 심기허(붉은색은 오행상 심장에 속함)에 먹는다.

인삼에 비해 홍삼이 보하는 작용은 더욱 강화되었지만 그 따뜻한 성질 역시 더욱 강화되었다.(홍삼은 인삼을 쪄서 만든다.) 따라서 홍삼의 주작용은 심장에 힘을 보태주는 것이다. 때문에 저혈압이고 항상 기운이 없으며 몸이 차고 식은땀을 흘리며 마음이 불안하고 꿈을 많이 꾸고 가끔 가슴이 두근거리고 숨이 차는 심기허心氣虛 증상에는 더없이 좋은 약이다. 하지만 심장에 화가 많아 얼굴이 붉고 혈압이 높고 머리가 아프고 가슴이 답답하며 더위를 많이 타는 사람에게는 오히려 해가 된다.

기본적으로 홍삼을 먹으면 안 되는 체질

- 얼굴이 붉다.(중요)
- 몸이 더워서 겨울에도 추위를 별로 안 타고 여름이면 더워서 못 산다.
- 고혈압.
- 가슴에서 불이 나는 듯 답답하다.
- 눈이 항상 충혈되어 있다.
- 머리가 터질 것같이 아프다.
- 아이가 안정되지 않고 항상 산만하면서 가만히 있지를 못한다.
- 화를 너무 잘 낸다.
- 혀를 보았을 때 너무 붉거나, 또는 노랗고 두꺼운 태가 있을 때.
- 코피가 잘 난다.

기본적으로 홍삼을 먹으면 좋은 체질

- 얼굴이 창백하다.
- 항상 기운이 없고 혈압이 낮다.
- 조금만 움직이면 숨이 차면서 가슴이 두근거린다.
- 추위를 많이 탄다.
- 여름이면 기운이 없고 가끔 햇볕에 나가면 일사병으로 쓰러지기
  도 한다.
- 어지럼증이 있다.
- 밤낮없이 졸리고 정신이 멍하다.

물론 먹어도 좋은 사람도 장복하는 데는 신중해야 하며, 먹으면 안 되는 사람도 가끔 피로할 때 한잔씩 먹어주는 것은 아무 문제가 되지 않는다. 하지만 반찬도 오랫동안 한 가지 반찬만 먹으면 안 되는데, 하물며 약을 아무렇게나 선택하여 오래도록 장복한다면 그것은 문제가 되는 것이다. 홍삼도 오래 복용하면 체질에 맞을지라도 문제를 일으킬 수 있으므로 신중을 기해 복용해야 한다.

이처럼 우리가 건강식품을 선택함에 있어서는 반드시 그 효능과 체질 유무를 잘 따져보고 복용해야지 판매하는 사람이나 광고만 믿고 무턱대고 복용하는 것은 너무 위험한 일이다.

자, 그렇다면 왜 우리 아이는 이렇게 매일 피곤한 것일까? 가장 주된 이유는 역시 선천적인 체질의 강약이다. 그 다음 중요한 것이

평소 섭생과 생활 습관이다.

체력저하를 유발하는 생활습관

첫째, 아침식사를 하지 않는다.

아침식사는 두뇌건강과 지구력 증가에 필수적인 요건이다. 이미 여러 연구에서 이것이 입증되었고, 또 여러 영양학자들이 강력하게 권고하고 있는 사항이다.

둘째, 식사 대신 군것질을 많이 한다.

잦은 군것질은 위기胃氣를 허하게 만든다. 위기가 허해지면 우리 몸의 가장 기본적인 기운인 중기中氣가 허해지고, 이렇게 되면 자꾸 눕고 싶고 움직이기 싫어하며 뇌로 가는 혈액의 양이 줄어들어 공부를 하려고 하면 자꾸 졸리고 머리가 맑지 않게 된다. 특히 군것질의 대부분이 과자, 빵, 음료수 등 설탕과 식품첨가물 등이 함유된 음식이어서 그 해로움은 더욱 크다.

셋째, 한 가지 음식으로 끼니를 때운다.

아무리 영양학적으로 훌륭한 음식이라도 한 가지 음식만으로는 균형 잡힌 영양을 섭취할 수 없다. 고기만 먹는다든지 라면 한 그릇으로 끼니를 때운다든지 도넛 같은 것으로 점심을 대신하는 등의 식습관으로 건강한 체력을 유지할 수 없다.

넷째, 인스턴트 식품을 많이 먹는다.

인스턴트 식품은 대부분 높은 칼로리로 인해 비만의 원인이 되며, 여기에 가미된 여러 가지 첨가물은 우리 몸 속에 담음이라는 독소를 만들어 낸다.

다섯째, 식사시간이 불규칙적이다.

불규칙한 식생활은 위기胃氣를 약화시키고 신체의 정상적인 리듬을 깨는 중요한 원인이 된다. 앞서 설명한 바와 같이 위기는 우리 몸의 가장 중요한 기운 중 하나이다. 위는 절도에 맞는 것을 좋아한다.

여섯째, 육식 위주의 식생활을 한다.

《동의보감》 내상문 첫머리에 다음과 같은 내용이 나온다.

민간에서는 고기가 보하는 성질이 있는 것으로 알려져 있다. 그러나 고기는 보하는 성질이 없고 다만 양기陽氣만을 보한다. 지금 양기는 허손되지 않고 음기陰氣만 허손되었는데 고기로써 음陰을 보하려고 하는 것은 마치 나무에 올라가 물고기를 잡으려는 것과 같다.

무슨 말인지 납득이 가지 않으니 쉽게 비유해보자. 우리가 물총을 쏠 때 쏘는 힘은 양기에 비유할 수 있고 물총 속의 물은 음기에 비유할 수 있다. 고기는 쏘는 힘, 즉 양기만 보하는 음식이다. 우리가 고기를 먹고 나면 일시적으로 힘이 난다고 느끼는 이유는 이 작용 때문이다. 하지만 양기만 보하고 음기를 보해주지 않으면? 오히려 쏘는 힘만 강해 물총 속의 물은 더 빨리 고갈될 것이고 음허증에 빠지게 될 것이다. 양기를 보하는 것을 두고 보하는 작용이 없다고 말하는 것은 바로 이 때문이다.

고기를 먹지 않을 수 없지만 육식 위주의 식생활은 문제가 있다. 흔히 고기 먹을 때 쓰는 용도로 발생했다는 송곳니와 다른 이빨과의 비율을 들어 육식과 채식의 비율을 2 : 8 정도로 이야기하는 경우가 있는데 상당히 일리 있는 이야기인 듯하다. 특히 음허증이 있는 아이, 즉 쉽게 흥분하고 가만히 있지 못하고 잘 때 식은땀을 흘리거나 코피를 잘 흘리는 아이, 감정의 기복이 심하고 화를 잘 내고 더위를 많이 타는 아이 등은 육식을 많이 해서는 안 된다.

기운을 돋우는 음식들

굴

굴은 바다에서 나는 귀한 식품 중의 하나로 간 기능을 도와주고 보혈작용을 함으로써 빈혈이 있는 어린이나 허약체질인 사람이 먹으면 좋다. 조개류 가운데 육질이 가장 부드럽고 소화, 흡수가 쉬워 비타민과 무기질 공급원으로도 좋은 식품이다. 생굴을 초고추장에 찍어 먹거나 밀가루와 달걀을 씌워 기름 두른 팬에 노릇하게 구워 먹어도 좋다.

굴전

1. 생굴을 소금물에 살짝 헹궈 물기를 빼낸다.

2. 후추를 약간 뿌린 후 밀가루를 고루 묻힌다.

3. 달걀 옷을 입인 후 기름 두른 팬에 살짝 익혀서 초간장(간장, 식초, 설탕, 물)에 찍어 먹는다.

재첩

재첩에는 칼슘을 비롯 인, 철, 비타민 B_2, B_{12}가 풍부한데다 달걀 못지않게 질 좋은 단백질이 많이 들어 있다. 특히 B_{12}는 육류나 간과 맞먹을 정도로 들어가 있어 성장기 어린이에게 좋다. 허약한 어린이에게 영양공급은 물론이고 식욕을 촉진시키고 소화를 도와 튼튼하게 자라도록 도와준다.

재첩국

1. 재첩은 해감을 시킨 뒤 물에 깨끗이 씻어 헹군 뒤 물을 붓고 끓인다.

2. 재첩의 입이 벌어지면 썰어놓은 파와 다진 마늘을 넣고 소금으로 간한다.

3. 조금 더 끓인 후 먹는다.

매실

약알칼리성 식품인 매실은 구연산, 사과산, 주석산, 호박산 등 다량의 유기산과 무기질을 함유하고 있는데, 특히 구연산의 함량이 다른 과실에 비해 높아 피로회복 효과가 뛰어나다.

매실식초

찬물에 매실식초를 3~5배 정도로 희석시켜 마시면 피로가 쉽게 풀리고 매일 반잔씩 꾸준히 마시면 몸이 가벼워짐을 느낄 수 있다.

1. 매실을 깨끗이 씻은 뒤 물기를 완전히 제거한다.
2. 매실을 유리병이나 옹기 항아리에 담고 윗부분을 설탕으로 두껍게 덮고 뚜껑을 닫아 밀봉한다.
3. 3~6개월 지난 뒤 꺼내 삼베나 거즈에 걸러 물만 따라낸다.
4. 따라낸 물과 막걸리를 5 : 1 비율로 섞은 후 항아리나 유리병에 담아 다시 밀봉해 둔다. 균이 생기고 3개월 정도 지나면 식초가 된다.(해파리 모양의 균이 생기는데 발효가 되어 가는 과정이니 걱정하지 않아도 된다.)

인삼

인삼은 생체의 면역력과 각종 스트레스에 대한 적응력을 증강시킨다. 또한 생체기능 장애를 조절하여 정상화시키는 것으로 알려져 있다. 인삼은 피로방지 효과가 확실하고, 뇌와 근육운동을 활발하게 한다. 하지만 앞서 말한 홍삼의 부작용에 준해 복용에 신중을 기하는 것이 좋다.

인삼 달인 물

인삼 5g과 물 3컵을 함께 달여 1일 3회 공복에 데워 마시면 체력 저하를 개선할 수 있다. 생강과 대추를 함께 넣어 달이는 경우도 있는데 한방에서는 인삼만 달일 것을 더 권한다. 특히 꿀을 넣어 먹는 것은 좋지 않다. 앞서 말한 홍삼과 마찬가지로 인삼 역시 모든 체질에 다 좋은 것은 아니다. 또한 오래 복용해서도 안 된다. 앞서 홍삼에 관한 설명을 참조해서 먹이도록 한다.

콩

콩은 밭의 쇠고기로 불릴 정도로 단백질이 풍부한 식품이다. 콩에 들어 있는 단백질의 양은 농작물 중 최고이며, 각종 비타민이 풍부하여 피로회복에 효과를 나타낸다. 콩은 성질이 차므로 소화기관이 약해서 설사를 자주 하는 사람, 감기에 걸렸거나 땀을 많이 흘리는 사람, 장염을 앓고 있는 경우에는 먹으면 좋지 않다.

콩 음식

볶은 콩을 간식으로 활용한다. 식탁 위에 두고 보일 때마다 먹어준다. 콩나물을 활용한 콩나물무침, 콩나물국이나 콩이 사용된 된장, 두부를 많이 먹도록 한다. 참고로 콩나물은 다리가 짧을수록 좋다. 집에서 길러 먹는 경우 참고하기 바란다.

구기자

구기자는 간과 신장의 정혈을 보하는 좋은 약재로 한의원에서도 많이 쓰는 약이다. 평소 연하게 끓여 물 대신 항상 마시면 눈과 머리를 맑게 하며 허리를 튼튼히 하고 면역기능을 높여주는 작용이 있다. 민간요법으로는 구기자잎차를 많이 쓰는데 구기자 잎사귀는 혈관을 튼튼하게 하는 루틴이라는 성분이 다량 함유되어 있다. 구기자잎을 일반 차처럼 끓여 하루에 2~3잔씩 마시면 저혈압에 효과적이다.

꿀

사과식초와 벌꿀을 각각 2숟가락씩 물에 타서 마시면 피로회복에 좋다.

이러한 음식으로 잘 해결이 되지 않으면 근처 한의원을 찾아 상담을 받아보기를 권한다. 특히 이러한 체력저하의 경우 증상을 빠르게 개선시킬 수 있는 좋은 처방이 많이 있다. 또한 체력저하가 단순히 결핍에서만 유발되는 것은 아니니 증상이 오래될 경우 전문가의 상담을 받아보는 것이 좋다.

우리 아이는
어떤 체질인가

눈·코·귀·입의 특징에 따른 성격과 건강

※ 체질 분류의 다른 방법

"우리 아이는 무슨 체질이죠?"

진료를 하다 보면 이러한 질문을 하는 엄마들이 많이 있다.

사람은 태어날 때 장부와 경락의 허실을 가지고 태어난다. 이러한 모든 장부경락의 허실은 몸과 얼굴에 나타나게 되어 있다. 따라서 얼굴 형태와 이목구비의 특징 및 신체적인 특징을 이해하면 아이의 장점과 단점을 알 수 있고, 그에 따른 성격과 소질의 차이를 이해할 수 있기 때문에 그에 따라 지도하게 되면 훨씬 아이를 잘 지도할 수 있을 것이다.

한의학에서는 내부 장기의 상태가 모두 얼굴에 드러나는데 이를 통하여 우리는 오장육부의 상태를 진단할 수 있다. 즉 얼굴은 몸 상태를 나타내는 계기판의 역할을 해준다.

한방에서는 우리가 알고 있는 사상체질에 의한 분류, 즉 태음인·태양인·소음인·소양인 네 가지로 분류하는 체질분류법 외에 다양한 체질 분류가 있다.

얼굴 및 신체의 전체적 형태에 따라 정·기·신·혈 네 가지 과로 분류되기도 하며 몸과 얼굴 중 어느 곳이 발달되어 있는지에 따라 어·조·주·갑 네 가지로 분류되어진다. 사람에 따라서 정·기·신·혈의 상象이 강한 경우도 있고 어·조·주·갑의 형形이 발달된 사람도 있다. 따라서 특성이 잘 드러나는 쪽을 위주로 분류해 보면 된다.

우리 같은 한의사가 일단 환자를 보면 먼저 전체적인 얼굴의 형태와 색을 보고 난 뒤 눈·코·귀·입을 살피고, 그 다음 맥을 보고 난 뒤 "어디가 아프세요?"라고 물어본다. 하지만 실력 있는 한의사라면 사실상 묻기 전에 환자가 어디가 아픈지 대충 짐작은 할 수 있어야 하며, 문진과 맥진은 그것을 확인해 나가는 작업이다.

또한 장부의 허실은 그것과 연관된 정서적인 상태와도 관계가 밀접하다. 예를 들어 담이 허하면 무서움을 잘 타고, 간이 실하면 화를 잘 내며, 상기가 잘 되는 형의 얼굴을 가진 아이는 감정의 기복이 심하다는 것 등이다.

아이에게 신체적 문제가 있다든지 감정적인 문제가 있다면 먼저 아래에서 소개하는 정기신혈精氣神血과 어조주갑류魚鳥走甲類를 먼저 파악한 뒤 아이의 얼굴을 다시금 들여다보라. 아이를 사랑하는 마음으로 보다 보면 아이의 문제가 무엇인지 저절로 드러날 것이다.

자, 그럼 눈·코·귀·입의 상태에 따라 어떤 병이 나타나기 쉬운지, 어떤 것을 조심해야 하는지 알아보자.

눈·코·귀·입의 특징에 따른
성격과 건강

눈

한의학에서는 눈을 '간의 상태가 나타나는 구멍'이라고 한다. 눈과 간은 아주 밀접한 관련이 있어 간의 건강 상태를 눈에서 살펴볼 수 있다.

간 기능이 저하되면 시력이 나빠지고, 간이 허해지면 눈앞이 어질어질하면서 별이 보인다. 또, 간에 열이 있으면 눈이 충혈이 되면서 붓는 현상이 있다.

눈은 간뿐 아니라 오장육부와도 관계가 깊어 오장육부가 조화롭게 저마다의 기능을 다하면 눈이 맑고 건강해 보이게 된다. 건강한 눈은 흰자위와 검은자위가 모두 투명하면서 빛이 나고 선명하며, 눈꺼풀은 누런 빛을 띠면서 윤기가 나야 한다. 미용적으로야 어떨지 모르지만, 의학적으로는 눈은 크기가 작은 것이 큰 것보다 좋다.

눈이 큰 아이

간담(肝膽, 간과 쓸개, 놀라면 간담이 서늘하다고 한다)이 허한 경향이 있어 무서움을 잘 탄다. 감성적이고 예민하다. 심하게 혼내면 상처를 잘 받는다. 감기에 걸리면 목감기가 잘 오고 평소에도 피로하면 편도가 자주 붓는다.

눈꼬리가 위로 올라간 아이

성격이 예민하고, 감정의 기복이 커 신경성 질환이 잘 찾아온다.

기가 제대로 운행하지 못하면 울체되어 가슴 답답증이 오기도 하며 밥을 잘 안 먹거나 뒷목이 뻣뻣하면서 목이 불편하다고 말하기도 한다.

혼내기보다는 아이의 감정 상태를 잘 이해하고 다독여 주는 것이 중요하다.

눈꼬리가 아래로 처진 아이

현실적인 감각이 뛰어나고 이기적인 부분이 있으며 책임감이 강해 사람들 사이에 인정을 받는다. 명치 끝이 자주 아프며, 대변을 잘 참지 못하거나 배가 자주 아파 설사가 있는 경향이 있다. 차가운 것을 절대 먹이지 말고 배를 항상 따뜻하게 해준다.

눈이 안쪽으로 들어간 아이

추위를 유난히 많이 타고 몸이 냉하다. 또한 비위가 좋지 않다는 뜻이므로 위장병 때문에 고생할 가능성이 높다. 찬 것을 먹이지 말고 보온에 주의하며 소화 잘 되는 음식을 먹인다.

코

한방에서는 코를 '신기神氣가 드나드는 문'이라고 한다. 얼굴은 모든 양陽의 기운이 모였다 흩어지는 곳이며 특별히 코는 얼굴의 한복판에 자리잡고 있어 하늘의 기를 몸 속으로 받아들이는 역할을 하기 때문이다. 코는 하늘의 기를 받아들여 심장과 폐에 저장해 둔다. 특히 폐의 구멍이라 할 만큼 깊은 관계를 맺고 있다. 따라서 폐와 심장이 건강하고 제대로 작용해야 코도 아무 불편 없이 숨을 쉬고 냄새 또한 잘 맡을 수가 있다.

한의학에서 잘생긴 코는 콧대가 서고 똑바르며 약간 크면서 색이 고르고 윤택한 것을 말한다. 이런 코는 기가 원활히 소통되므로 건강에도 별문제가 없다.

코가 큰 아이

기의 순환작용이 아주 좋아 밖에 나가 활발히 움직인다거나 친구들과 어울리는 것을 좋아한다. 특히 여자아이가 코가 큰 경우 자기주장이 강하고 남자 같은 성격이 있다. 집에서 공부시키는 것보다 학원을 보내거나 캠프, 유학을 보내는 등 많이 움직이고 활동할 기회를 만들어 주는 것이 좋다.

코가 낮으면서 짧은 아이

여자아이의 경우 차분하고 성실한 면이 있어 크게 문제가 없으나 남자아이는 코 위주로 보기 때문에 문제가 될 수 있다. 다소 소심하고 진취력, 성취력, 실행력 등이 부족할 수 있다. 이러한 면이 보이더라고 지적하지 말고 격려해주거나 지켜봐주는 자세가 필요하다. 단, 코는 크면서 발달하는 경우가 많으므로 너무 걱정하지 않아도 된다.

코가 휜 아이

청소년기부터 코가 휜 경우는 등뼈가 휘었다고 보는데, 몸이 냉하기 때문이다. 배꼽 이하의 생식기 쪽인 인체의 근본 바탕이 차서 그 위로 올라가는 등뼈가 휘는 것이고, 이에 따라 코도 차츰 휘는 것이다. 등뼈가 휘었기 때문에 허리와 등과 어깨가 아프고 뒷목이 늘 뻣뻣하다는 말을 자주 한다. 또 눈이 맑지 못하고 침침하며 소화불량 증세와 함께 속이 메스껍다. 근본 바탕을 좋게 해주는 치료를 꾸준히 하면 이러한 증상들이 호전된다.

코가 아래로 처진 듯 내려먹은 아이

느긋한 성격을 가지고 있으며, 아랫배가 차고 대장이 나쁜 체질이기 때문에 아랫배에 가스가 차고 불쾌한 증상을 자주 느낀다. 특히 여자아이의 경우 심하게 느끼며, 또 환절기 알레르기성 비염으로 고생하는 아이도 많이 볼 수 있다

콧등이 불룩하게 나온 아이

콧등이 불룩한 것은 한의학적으로 삼초三焦가 맺혔다고 한다. 몸을 3등분하여 위부터 상초上焦, 중초中焦, 하초下焦 이렇게 삼초라 하는데 이 순환작용이 제대로 이루어지지 않아 심폐기능 저하, 가슴통증, 소화불량, 십이지궤양 등의 문제를 일으킨다.

상중하초의 순환을 돕는 치료를 해야 하며 가정에서는 전중혈(그림 참조) 부분을 자주 자극해 주면 증상을 완화시킬 수 있다.

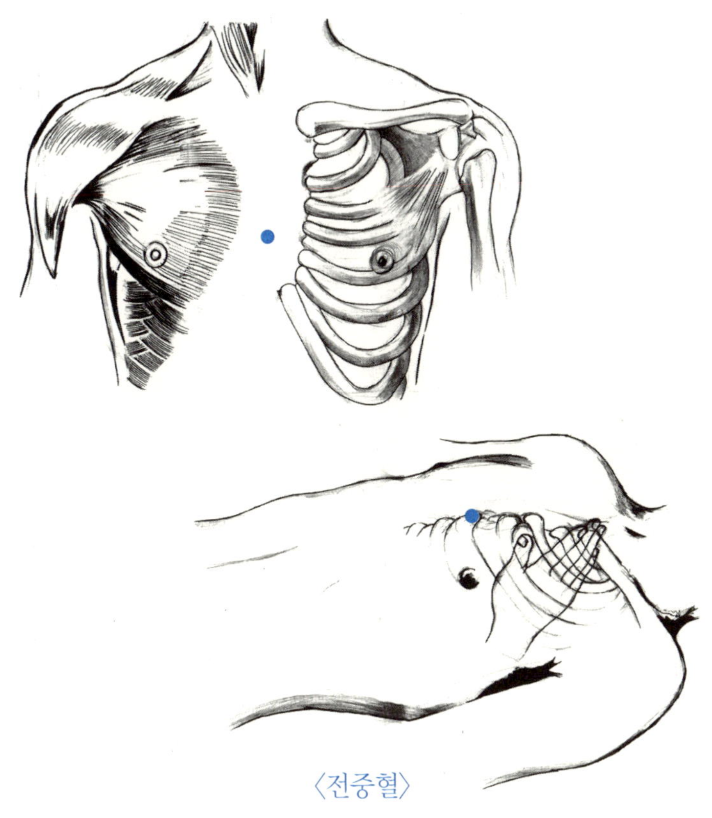

〈전중혈〉

콧구멍이 밖으로 드러나 보이는 아이

방광이 좋지 않아 배뇨에 이상이 있다. 소변을 잘 참지 못하고 자주 보거나 늦게 소변을 가린다. 방광 기능을 좋게 해주는 치료를 해야 한다.

콧등에 기미가 낀 듯 어두운 아이

비위가 좋지 않아 소화장애, 변비, 속쓰림, 트림, 더부룩한 증세 등이 나타나며 나이가 들어서는 쇠약해서 생기는 증상들이 나타난다.

귀

신장腎臟이 안 좋은 사람은 대개 귀 쪽으로 이상이 온다. 한의학에서는 '신腎이 멀리 듣는 것, 즉 귀를 주관한다'고 본다. 그래서 신장이 좋은 사람은 평소 소리를 잘 들으며 귓병에도 잘 걸리지 않는다.

신장이 귀를 주관하기 때문에 귀의 크기와 색깔, 모양, 위치에 따라서 신장의 건강 상태를 살펴볼 수 있다. 특히 아이들의 경우 선천지기(부모에게 받고 태어난 기운)의 성쇠를 알 수 있는 요소들 중 하나이다.

귀가 크고 힘이 없는 아이

귀의 크기는 신장의 기능과 직결되는데 귀가 크면서 단단하지 못한 사람은 신장이 약하므로 허약 체질인 경우가 많다. 특히 이런 아이는 면역기능 저하로 감기에 자주 걸리거나 성장이 더딜 수 있으므로 녹용 같은 선천지기를 보해주는 한약을 자주 복용시켜야 한다.

귀가 위로 올라붙은 아이

귀가 너무 올라붙으면 신장도 제 위치보다 높이 붙어 있는 것이므로 등과 척추가 아파서 구부렸다 폈다 하는 동작을 잘 하지 못한다. 공부하느라 오래 앉아 있으면 허리가 아프다고 하는 경우가 있으니 미리미리 치료해주어야 한다.

귀가 내려붙은 아이

신장도 제 위치에서 아래로 내려붙어서 허리와 궁둥이가 아프고, 호산증(狐疝症, 탈장)으로 고생하는 수가 많다.

귀에 때가 낀 것처럼 색깔이 나쁜 아이

귀의 색깔은 맑고 윤택해야 좋다. 그러므로 색이 나쁘면 신장도 좋지 못하다. 간혹 귀가 유난히 붉어지거나 검은색을 띠거나 붉은 경우 신장에 열이 있다는 표시이다.

입

오장육부 중 입과 입술은 비장脾臟에 속하고 혀는 심장心臟에 속한

다. 이렇게 입과 입술에 비장의 기운이 통하기 때문에 음식의 맛을
잘 알 수 있으며, 혀에 심장의 기운이 통하기 때문에 달고 쓰고 시
고 맵고 짠맛을 알 수 있다. 비장(소화기 계통)의 건강 상태를 나타내
는 곳이 바로 입술로서 모양과 색깔로 진단할 수 있다.

입술이 크면서 힘이 없는 아이

입술이 크면서 힘이 없으면 비장脾臟이 약하다. 소화장애, 설사, 헛
배부름, 트림 증상이 나타난다.

입술이 비뚤어진 아이

입술이 바르지 못하면 인체를 구성하는 근본 형틀이 좋지 않다는
것을 의미한다. 주로 비장이 허약했을 때 증상이 나타나는데 소화
기 계통의 증상, 헛배부름, 소화장애를 위주로 하여 허약체질, 여자
아이의 경우 생리의 이상까지 일으킬 수 있다.

입술에 핏기가 없는 아이

입술이 탈색된 듯 허옇게 된 것은 혈血이 부족하다는 뜻이다. 반
드시 보혈작용이 있는 한약을 복용시켜야 한다. 또한 보혈작용이
있는 당귀차 등을 끓여서 항시 복용시킨다. 입술이 푸른 사람은 몸
이 냉하기 때문으로 몸이 차면 소화도 잘 안 되고 장이 나빠서 설
사를 하기도 한다. 배를 항상 따뜻하게 하고 수정과·계피차·생강
차 등을 먹이는 것도 좋은 방법이다.

입술이 붉은 아이

입술이 붉은 것은 위열胃熱이라 하며, 배가 고프면 잘 참지 못하고 급하게 먹기 때문에 위장병이 생기기 쉽다. 튀긴 음식이나 너무 맵고 뜨거운 음식, 인스턴트 식품, 육류 위주의 식생활 등을 개선시켜 주어야 한다. 야채와 과일을 많이 복용시킨다. 과식을 하지 못하게 하고 천천히 먹는 습관을 길러 주도록 한다.

입술이 도툼한 아이

위장은 큰데 위의 운동 능력이 떨어지면 식적에 걸리기 쉽다. 이런 아이는 대부분 입에 맞는 음식이 있으면 과식하고, 그러다 체하면 배가 아프면서 잘 안 먹는 경우가 많다.

밥을 안 먹는다고 찾아오는 아이들 중 의외로 이런 아이들이 많은데, 이것은 선천적으로 소화기능이 약한 것이 아니라 후천적으로 과식이나 야식, 무분별한 이유식 등으로 인하여 비위기능이 손상된 경우이다.

일단 비위의 기능이 상하면 신체가 영양분을 충분히 공급받지 못하므로 항상 기운이 없고 눈동자에도 힘이 없으며 땀을 많이 흘리면서 살이 빠지기도 한다. 또한 입술이 두툼하면 혈血이 부족해져서 변비로 고생하거나 두통이 생기기도 한다.

입술이 건조하고 트는 아이

여자아이의 경우는 냉대하로 고생하게 되고, 생리 양이 적거나 생리가 늦다. 그 밖에 비장에 이상이 있어 트는 경우가 있는데, 튼튼하게 하면 말끔히 치료된다.

그 밖의 문제

인당을 자주 찡그리는 아이

한의학에서는 인당을 심기(心氣, 심장의 기운, 흔히 심기가 불편하다고 말할 때 그 심기의 의미)를 살피는 곳으로 보고 있다. 인당을 자주 찡그리거나 인당에 주름이 있거나, 혹은 이 부위에 여드름이 나거나 흉터가 있으면 항상 고민이나 생각이 많고 스트레스를 많이 받고 있는 것이다. 이런 아이는 시험에 대한 두려움이 많거나 혹은 불안, 초조감 등에 시달리는 경우가 많고 소화장애, 속쓰림 등의 증상이 나타나며 쓸데없는 걱정이나 생각이 많이 있는 것이다.

격려와 칭찬을 통해 마음의 안정을 유도해주고 심장을 안정시키는 데 효과가 있는 약차를 자주 복용시키고 주기적으로 한의원을 찾아 심기의 울체를 풀어주는 한약을 복용시킨다.

땀을 많이 흘리는 아이

땀을 많이 흘리는 아이는 크게 세 가지 원인이 있다.

기허

기가 허한 경우 땀을 많이 흘리게 되는데 한의학에서는 이것을 자한^{自汗}이라고 한다.

자한은 몸을 움직이면 땀이 많이 나는 특징이 있다. 아이들이 친구들과 어울려 뛰어놀 때 다른 아이들보다 유달리 땀이 빨리 나기 시작하고 또 머리가 흠뻑 젖거나 땀이 쉽게 마르지 않는다면 기가 허하여 나오는 땀이다.

조금만 더워지면 땀을 흘리기 시작하고 여름이면 더욱 심해지는 경우가 많다. 주로 위기(衛氣, 우리 몸의 외부로 순환하면서 외부의 변화 공격 등으로부터 신체를 방위하는 기운)의 허약으로 인하여 땀구멍을 열고 닫는 기능이 원활하지 않아 생기는 증상인데 이런 아이들은 밥을 잘 안 먹는다든지 감기에 잘 걸린다든지 놀 때는 잘 노는데 집에 오면 녹초가 되어 밥도 먹지 못하고 잠이 든다든지 하는 기허 증상이 동반되어 오기 마련이다.

이런 아이들에게 가장 좋은 약재가 인삼과 황기이며 대표적 음식이 삼계탕이다.

음허

음이 허해서 땀을 많이 흘리는 경우를 한의학에서는 도한^{盜汗}이라고 하는데 주로 잠들기 시작할 때, 혹은 자는 동안 땀을 흘리는 특징이 있다.

음이 허하다는 것은 진액이 부족하다는 뜻인데 진액이 부족하면 허열이 뜨게 된다. 이 허열로 인해 자는 동안 땀이 나게 되는 것이다. 도한이 있는 아이 역시 잠시도 가만히 있지 못하고 신경이 예민하며 집중력이 떨어지고 코피를 잘 흘리고 지구력이 약하고 밥을 잘 먹지 않는 등의 음허증상이 동반되어 나타난다.

이런 아이들에게는 위에서 말한 삼계탕이나 인삼, 황기 등은 도움이 되지 않으며 홍삼 등은 오히려 허열을 더 뜨게 만들어 땀이 심하게 나거나 코피를 더 많이 흘리는 부작용을 초래할 수 있다.

습열

최근 많아진 원인이 습열인데 증상의 특징은 머리에서 주로 땀이 나고 특히 음식을 먹으면 머리와 얼굴에서 땀이 많이 난다.

주로 약간 뚱뚱하고 평소 기름기 많고 칼로리 높은 음식을 즐겨 먹는 아이에게 많다. 변비가 있다면 더욱 확실하며 손발에 땀이 함께 나는 경우도 있다.

이 경우 땀을 흘린다고 인삼이나 황기 같은 약재를 먹이거나 삼계탕을 먹이면 울열이 생겨 더욱 안 좋다. 주로 쓰고 서늘한 성질의 음식을 먹어 습열을 제거해 주어야 한다.

체질 분류의 다른 방법

정·기·신·혈—얼굴 형태를 위주로 한 체질 분류
(대한형상의학회 홈페이지http://www.hyungsang.or.kr 사진 참조)

정과精科—둥근 얼굴

기본적인 특징

얼굴이 둥글면서 약간 통통한 타입이다.

얼굴 및 신체적 특징

눈·코·귀·입이 모여 있는 경향이 있고 귀와 입, 특히 입이 발달하거나 입이 다소 튀어나온 경향이 있으며 입술이 단정하지 못하다.

관골이 발달(기과에 비해 뼈보다는 살 위주로 발달됨)되어 있다. 몸에 비해 머리가 큰 편이고 여자 아이의 경우 나이에 비해 가슴이 발달한 경우가 많다. 귀나 입이 큰 경향이 있다. 손끝이 뭉툭하다.

성격

동하려는 성격이 강하다. 이것저것 관심은 많은데 방향을 잡지 못해 꾸준함이 없다. 욕심이 많은 편이다.

공부

욕심이 많기 때문에 동기유발만 잘 되면 열심히 공부하는 아이이다. 경쟁심이 있어 약간의 경쟁을 유도하는 것도 좋은 방법이다.

방향을 잡아주는 것이 중요하기 때문에 아이의 소질을 잘 파악하여 방향을 잘 설정해주는 것이 중요하고, 한번 방향이 설정되면 이랬다 저랬다 하지 말고 일단은 꾸준히 밀고 나가는 것이 중요하다.

문화·예술 방면보다는 사업가·법관·세무·회계사·금융인 등 문과 계열이 잘 맞는 경우가 많다.

건강

기본적으로 체력이 좋으나 너무 무리하면 오히려 건강을 해치는 경우가 있으므로 주의한다.

응집하려는 성질이 강하기 때문에 습이 잘 응체된다. 따라서 설탕·꿀 등 달고 끈적거리는 음식은 피하는 것이 좋다. 과식도 좋지 않다. 잘 붓거나 소화가 안 되거나 몸이 무겁게 느껴지면 습을 제거해주는 탕제를 써주는 것이 좋다.

다른 체질에 비해 비만에 걸릴 확률이 가장 높은 체질이므로 평소 꾸준히 식생활 관리를 해주는 것이 좋다. 동하려는 성질이 강해 체력의 소모가 심한 편이기 때문에 정의 부족으로 인한 병이 잘 온다. 육미지황탕 등과 같이 정을 보강해주는 한약을 자주 복용하면 좋다.

좋은 음식

구기자·복분자·오미자·산수유·둥글레(끓여서 차로 마신다)

녹용·참깨·들깨·콩·호두

기과氣科―각이 진 얼굴

기본적인 특징

얼굴이 사각형이면서 전체적으로 살집이 많은 비만한 타입이 아닌 뼈대가 있는 근골형 타입이다.

얼굴 및 신체적 특징

목이 긴 경우가 많고 여자아이의 경우 가슴의 발달이 현저하지 않다.

광대뼈가 발달해 있고(정과에 비해 살이 없음) 눈과 코, 특히 코가 강하게 발달해 있으면 얼굴색이 다소 검거나 누런 경우가 많다.

광대뼈가 많이 나오고 턱이 갸름한 경우 묘유형 기과(◇형 얼굴―광대뼈가 발달하고 상대적으로 턱과 이마가 좁다)라 하고, 얼굴이 마름모꼴로 생긴 경우이다. 비만한 경우는 거의 없고 손끝이 뾰족한 경우가 많다.

손이 목욕탕에서 나온 것처럼 쭈글쭈글한 경우가 있는데, 이런 경우 배가 차서 사지말단까지 따뜻한 기운이 못 가서 그런 것이다.

성격

주로 정하려는 경향이 많아 기가 잘 체하는 경우가 많다. 개성이 뚜렷하고 고집이 센 강한 성격의 소유자가 많다.

남자의 기본형으로 여자가 기과인 경우 기의 울체로 인한 울화병이 많다.

공부

기체가 생기기 쉬우므로 많이 활동하도록 유도하는 것이 좋다. 스트레스가 있으면 기가 더욱 잘 체하므로 운동·취미 생활 등 다양한 방면으로 몸을 쓰도록 만들어 줘야 기가 울체되지 않는다. 가만히 앉아서 하는 사무직보다는 몸을 많이 쓰고 활달하게 움직이는 직업이 더욱 적합하다. 여행을 자주 하는 것이 좋다. 집에서보다 학원이나 도서실에서 공부하면 공부가 더 잘 된다고 하는 경우가 많다.

건강

기가 잘 체하기 때문에 기울로 인해서 병이 많이 온다. 따라서 기체를 흩어주는 한약을 써주는 것이 좋다. 여학생의 경우 몸이 차고 추위를 많이 타면 생리가 불규칙한 경우가 많기 때문에 몸을 항상 따뜻하게 해주는 것이 좋다. 남학생의 경우 소화장애나 기허증에 걸릴 가능성이 높다. 남학생의 경우 사군자탕 등 기를 보하고 소화를 돕는 약을 쓰고, 여학생의 경우 이진탕처럼 기의 순환을 돕는 약을 쓴다. 묘유형 기과의 경우 특히 소화장애와 가슴의 통증이 잘 온다.

피부질환이 많기 때문에 피부호흡이 잘 되도록 하는 것이 좋다.

좋은 음식

기가 허한 경우(주로 남학생) 인삼·황기 등 기를 보하는 음식을, 기가 울체된 경우(주로 여학생) 생강이나 말린 귤껍질(끓여서 차로 마신다)을 먹이면 좋다. 밀가루 음식, 찬 음식 등은 피하는 것이 좋고 기의 흐름이 원활하도록 카레·달래·마늘·파·깻잎 등 맵고 향이 강한 음식을 해주면 좋다.

신과神科─역삼각형 얼굴

기본적인 특징

얼굴이 역삼각형이다.

얼굴 및 신체적 특징

하관이 빠지고 입술이 얇다. 턱에 비해 관골이 발달되어 있다. 코와 눈 위주로 생겼고 특히 눈이 발달된 경우가 많다. 손가락이 길고 예쁘게 생겼으며 손끝이 뾰족하다.

성격

기운이 상승하기 쉽다. 기가 상승하면 화가 생기기 때문에 화를 발산하기 위하여 많이 움직이고 말이 많은 편이다.

공부

머리가 좋고 두뇌회전이 빠르나 성격이 예민하고 감정의 동요가 심한 편이다.

머리가 좋은 데 반해 체력이 약한 편이기 때문에 항상 체력보강에 신경을 써주어야 한다. 심장이 약해 꿈을 많이 꾸고 잘 놀라는 경향이 있고 시험 전에 긴장을 많이 해서 실력을 발휘하지 못하는 경우가 있으며 잘 운다.

두뇌회전이 빨라 다방면에 소질이 있지만 음악·미술 등 예술 분야에 소질이 뛰어나므로 전공이든 취미든 이쪽 방면을 잘 개발해 주면 좋고, 의외로 끼가 많아 연예인으로 진출하는 경우도 있다.

건강

몸이 약해지면 오히려 움직임이 많아 산만해지고 집중력이 떨어지면서 위장장애 등을 호소하는 경우가 많다. 거의 대부분 가슴 두근거림·불안·초조·속쓰림 등의 증상이 있다.

항상 정신적인 안정이 중요하며 목표를 높게 잡는 것보다 차근차근 밟아 나가도록 유도하는 것이 좋다. 너무 뜨겁고 매운 음식은 피하고, 담담하고 평이한 음식으로 내기를 길러주도록 하고 심장의 화를 내리고 신장의 수기를 보충해 주는 한약을 자주 복용시킨다.

좋은 음식

연잎차·대추차·연근

혈과血科–삼각형 얼굴

기본적인 특징

얼굴형이 삼각형이거나 계란형(타원형)이다.

얼굴 및 신체적 특징

양쪽 턱 부위에 살이 두툼하고 하관이 넓은 편이거나 전체적으로 타원형(정과 체질에 비해 아래위로 길면서 기과에 비해 전체적으로 부드럽고 광대뼈가 없다)의 얼굴이다. 귀와 입, 특히 입이 발달한 편이다. 손끝이 뭉툭하다.

성격

여자의 기본형으로 성격이 온순하면서 성실한 성격이다.

공부

꼼꼼하고 여성적인 성격이 많아 정밀가공·의사·사회사업가·요리사 등의 직종에 종사하면 좋다.

무슨 일이 있으면 미리미리 준비하는 성격이 많기 때문에 계획을 세워 차근차근 해나가도록 유도하면 좋다. 여자아이의 경우는 좋으나 남자인 경우 다소 소심하고 우유부단해 보일 수 있으므로 그런 면이 보일 때 지적하지 말고 항상 자신감을 갖도록 격려해 주는 것이 중요하다.

지적상(삼각형)의 얼굴인 경우 고집이 세고 남의 말을 잘 안 듣고 자기 생각대로 해나가는 경향이 있으므로 너무 강하게 고집을 꺾기보다는 시간을 두고 천천히 생각을 바꾸도록 유도하는 것이 좋다.

건강

혈허 증상(어지럼증·안면창백·피로·손발 차가움 등)이 가장 잘 오는 체질이다. 특히 여자아이의 경우 생리를 시작하면 혈허증상이 심해지므로 미리 대비해 주는 것이 좋다. 더위와 추위에 모두 약한 경우가 많이 있으므로 여름에 에어컨이나 일사병을 주의하고 겨울에는 보온에 신경 써야 한다. 습기에도 약하므로 물가나 습기 많은 곳에 사는 것은 좋지 않다. 또 체력이 상대적으로 약하나 성실하고 끈기가 있다.

좋은 음식

당귀·구기자·산수유(끓여서 차로 마신다)

어·조·주·갑 — 눈·코·귀·입의 발달과 신체 발달에 따른 분류
(대한형상의학회 홈페이지http://www.hyungsang.or.kr 참조)

어류(물고기)
— 엉덩이가 발달되었고 입 위주로 생긴 얼굴

얼굴 및 외형

엉덩이가 발달되어 있으며 체격이 좋고 약간 비만형인 경우가 많으며, 체력이 좋다. 얼굴이 검고(대부분의 흑인들은 80% 이상 어류이다) 눈은 동글동글한 편이고 입술이 두툼한 얼굴이 전형적인 어류이다.

성격

말이 없고 과묵한 편이다. 변화에 능하여 적응력이 뛰어나고 머리가 좋다. 욕심이 많고 이기적인 면이 많다. 남을 배려할 줄 모르기 때문에 어려서부터 타인에 대한 배려를 잘 지도해주는 것이 좋다. 경계심이 많고 겁이 많다.

공부

순간판단력이 뛰어나고 머리가 좋다. 급한 상황일수록 머리회전이 더 빠르며 예리하고 직관이 뛰어나다. 욕심도 많고 머리도 좋아 공부를 잘하는 아이가 많고 나중에 재산도 잘 모은다. 단지 머리를 너무 많이 써서 자기 꾀에 넘어갈 수 있다.

재산을 잘 모으기 때문에 사업가·은행가·전문직 자영업자도 좋고 펀드매니저나 외환딜러 등과 같이 순간판단력을 요하는 직업도 좋다.

입맛이 예민하고 요리를 잘한다. 느린 듯하지만 일단 목표를 세워 시작하면 밤도 새는 스타일로 공부도 놀다가 벼락치기하는 경우가 많고 그래야 공부가 된다고 얘기하는 아이들이 많다.

건강

잘 먹고 살이 찌기 쉬우며, 일단 살이 찌면 잘 안 빠지니 주의하여야 한다. 밤에 소식하는 습관을 들여주고 저녁식사 이후 간식은 안 하도록 유도하는 것이 좋다. 여자아이의 경우 갑자기 다이어트를 심하게 하면 건강이 나빠지기 쉬우니 조심하여야 한다. 대부분 육식을 좋아하므로 골고루 먹도록 어려서부터 지도한다. 너무 단 것, 음료수나 튀긴 음식 등은 피한다.

조류(새)

─가슴이 발달했고 상체에 비해 하체가 약하며 눈 위주로 생긴 얼굴

얼굴 및 외형

전체적으로 화사한 얼굴에 역삼각형 얼굴이 많다.(타원형이나 원형도 있다) 얼굴이 작은 편이면서 약간 붉은빛(특히 관골 부분)을 띠는 경우가 많다. 눈이 둥글고 발달된 형태의 얼굴이며, 입이 작고 입술도 가늘면서 약간 튀어나온 얼굴이 전형적인 조류이다.

성격

직선적이면서 곧다. 조류는 날아오르려는 성질이 강하기 때문에 자꾸 위로 올라가려는 성격이 강해 곧잘 남을 억압하려는 경향을 띤다. 하지만 정이 많아 주위 사람들에게 도움을 주려 한다. 항상 남보다 잘하려는 욕심이 있고 지기를 싫어하며 혼자라도 대장을

해야 하는 아이이다.

심장이 약해 잘 놀라고 겁이 많으며, 반면 웃기를 잘하고 특히 눈웃음을 잘 친다. 말이 많고 노래를 잘하며 예의를 잘 지키기 때문에 주위 어른들이 예뻐한다. 쾌활하고 말이 많으며 때로 이기적인 면이 강하다.

수줍음을 잘 타는 듯하지만 의외로 남들 앞에 나서는 것을 좋아한다. 떠받들어 주는 것을 좋아하므로 손이 많이 가는 아이인 경우가 많다.

공부

머리는 좋고 다재다능하지만, 다소 산만하고 집중력이 떨어지는 단점이 있다. 싫증을 잘 내고 항상 시작은 좋지만 끝이 좋지 않은 경우가 많다. 칭찬은 고래도 춤추게 한다지만 특히 조류는 칭찬을 많이 해주어야 한다. 따라서 한 가지 일을 시작했으면 끝까지 해나가는 습관을 들여주고 조금만 진행해도 칭찬과 격려를 아끼지 말아야 한다.

노래를 잘하고 눈썰미가 있기 때문에 문화 예술 방면으로 공부하면 좋다. 성악가·화가·디자이너·큐레이터·평론가·아나운서 등이 좋고 연예계로 진출하여도 좋다.

건강

지하실에서 살면 좋지 않다. 가급적이면 햇볕이 잘 들어오는 높은 곳에서 사는 것이 좋다. 소화가 잘 안 되기 때문에 소식하는 습관을 들여주어야 한다. 안 먹으려고 하면 먹이지 말아야지 억지로 먹이면 식상증이 생겨 더 안 먹는다.

밤새워서 공부하는 것은 좋지 않다. 머리가 발달한 데 비해 체력이 약하기 때문에 항상 체력을 유지할 수 있도록 해주어야 한다. 추위와 더위 모두에 약하며 변비·속쓰림·위염 등 소화기 계통의 병도 잘 온다. 심장에 허열이 잘 뜨는 체질이기 때문에 가슴 두근거림·불면증·우울증 등의 병에 걸리기 쉽다.

주류(말)
—옆구리가 발달되어 있고 몸이 길쭉하며 코 위주로 생긴 얼굴

얼굴 및 외형

이마는 넓고 코가 발달되어 길고 오똑하며(코에 살은 많지 않고 콧망울도 크지 않다) 눈꼬리는 약간 올라간 얼굴이 전형적인 주류의 얼굴이다. 몸에 털이 많고 다리가 발달되어 달리기를 잘한다. 다소 마른 몸이 많고 옆구리가 길다.

성격

부드럽지만 다혈질이라서 화를 잘 낸다. 따라서 평소에는 인정도 많고 조용하고 부드러운데 잘 삐치고 갑자기 화를 내기도 한다. 후각이 발달되어 냄새에 민감하고 목소리가 큰 편이다. 인정이 많아

친구들을 잘 도와주고 친구들에게 인기가 많은데 그렇게 오래 가는 편은 아니다.

공부

운동을 잘하고 특히 운동선수 중에는 주류가 많다. 또한 남자의 경우 잘생긴 얼굴이기 때문에 연예계로 진출하는 경우도 많다. 꼼꼼하고 깔끔한 성격으로 공부도 차근차근 하는 경향이 있다. 아침이나 오전보다는 밤에 공부하는 것을 좋아하기 때문에 밤을 잘 새워 공부한다.

꿈이 많고 무엇인가 자꾸 해보려고 시도하는 경향이 강한데 용두사미가 되는 경우가 많기 때문에 너무 일을 벌이지 않도록 잘 지도해 주어야 한다. 따라서 먼저 깊이 있게 공부를 한 후 점차로 넓이를 넓혀 나가도록 한다.

공부 중간중간 줄넘기나 가벼운 조깅 등을 해주면 더욱 공부가 잘 된다. 인정이 많고 꼼꼼하기 때문에 의사·사회사업가·교육자 등이 좋고 활동하려는 성질이 강하기 때문에 운동선수·여행가 등도 좋다. 인정이 많아 남을 잘 도와주고 믿기 때문에 상업이나 사업 쪽은 좋지 않다.

건강

화를 내면 간을 상한다. 항상 한 템포 늦추어서 생각하도록 도와준다. 옆구리가 아프다고 하면 좋지 않으므로 한의원으로 데려간다. 냄새를 잘 맡기 때문에 향기가 강한 음식을 싫어하며 약간 얼큰한 맛을 좋아하는 것이 정상이다.

습열에 약하기 때문에 피부병이 생기기 쉽다. 이런 병이 있으면 너무 기름지고 칼로리가 높은 음식을 피해야 한다. 지칠 때까지 움직이는 경향이 많기 때문에 너무 과로하지 않도록 한다. 특히 봄을 많이 타기 때문에 봄이 되면 미리 한약을 먹여주고 신선한 야채나 녹즙·봄나물 등을 해주도록 한다.

갑류(거북)
—등이 발달하였고 목이 짧으며 귀 위주로 생긴 얼굴

얼굴 및 외형

등이 발달되어 거북처럼 등이 굽어 있고 어깨가 넓다. 귀가 크면서 야무지게 생겼고 목은 짧고 관골이 약간 발달된 얼굴이며 색깔이 흰 편인 것이 전형적인 갑류의 얼굴이다.

성격

머리가 아주 좋고 영감이 발달되어 있다.(가끔 꿈이 잘 맞는다) 아주 과묵하고 말이 없고 특히 쓸데없는 말은 안 한다. 말수가 적은 아이는 대부분 갑류 아니면 어류이다. 하지만 호기심이 많아 엄마에게 이것저것 많이 물어봐 귀찮게 한다. 친구들이 잘 따르고 모임에서 우두머리를 잘하며 의리가 있다. 하지만 고집이 세고 너무 자신만 옳다고 생각하는 경향이 있고, 틀리면 잘 따지고 들며 큰일에는 성깔을 드러낸다. 잘 우울해하며 감동에 민감하다.

공부

대기업 CEO나 사회에서 큰일을 하는 사람 중에 갑류가 제일 많다. 삼성의 이건희 회장이 전형적인 갑류이다. 머리가 좋고 영감이 있기 때문에 사업가·과학자·종교인 등이 잘 맞고 사람들이 잘 따르고 리더십이 있어 법조계·정치계 등으로 나가도 좋다.

머리가 좋아 공부도 잘하고 일단 시작하면 끈기 있게 공부해 나간다. 단지 감정적으로 우울해지기 쉽고, 한번 우울 모드로 빠지면 쉽게 나오지 못하므로 여행·독서·명상 등으로 스트레스를 잘 풀어줘야 한다.

건강

잘 안 아픈데 아프면 크게 아프며, 주로 호흡기나 피부 쪽을 조심하여야 한다. 특히 여름을 잘 넘겨야 하므로 여름이 되기 전 반드시 한약을 복용시키며 오미자, 맥문동, 인삼 등 폐기를 보하는 약재를 상복하면 좋다. 찬물을 마시지 않도록 하고 등이 구부정해지기 쉬우므로 항상 바른 자세를 유지하도록 지도해 준다. 피부가 약하기 때문에 피부병이 나면 바로 한방에서 치료를 받도록 해야 하며 여름에 너무 태우지 않도록 한다. 관절이 약하고 스트레스가 심하면 관절이나 허리, 무릎이 아픈 경우가 많다.

보통 엄마의 건강은 산후조리를 잘하면 된다고 생각하지만 임신기간의 건강에 따라 산후의 회복에는 엄청난 차이가 있다. 예를 들면 임신중독증으로 인해 임신기간 중 심하게 부었던 환자는 출산 후에도 부종이 잘 빠지지 않고, 임신기간에 입덧이 심해 영양 섭취가 불균형했던 환자는 역시 출산 후 자궁과 복부의 수축이 더디 일어나게 되는 것이다. 날씬하고 건강한 엄마가 되기를 원한다면, 또한 총명하고 건강한 아이를 낳길 원한다면 이 280일 동안을 정말 중요하게 여겨야 한다.

총명한
아이를 위한
첫 걸음

04

　한의학에서 가지는 태교의 의미는 서양의학에서보다 훨씬 크다. 태교는 단순히 건강한 아이를 낳는 것뿐 아니라 아이의 총명함, 성격, 나아가 운명까지 좌우하는 크나큰 일이며 그 과정 또한 임신 열 달에 그치는 것이 아니라 아이를 낳을 수 있는 나이에서부터 시작하여 배우자의 선택, 임신의 준비를 거쳐 임신의 순간 그리고 이후의 열 달까지가 모두 포함되는 긴 과정을 의미한다.

　태교를 잘못하면 태어나는 자식이 어리석게 된다. 그뿐만 아니라 모습도 온전하지 못하고 질병도 많게 된다. 유산할 수도 있고 난산할 수도 있다. 난산 끝에 태어난다고 해도 요절할 수 있다. 이런 일들은 모두 태교를 잘못해서 나타나는 현상이다. 그런데도 감히 나는 모른다고 할 수 있겠는가?《서경書經》에 이르기를 "하늘의 재앙은 피할 수 있지만 스스로 만든 재앙은 피할 수 없다"고 하였다.

《태교신기》

　건강한 몸으로 때에 맞추어 준비된 마음으로 임신하는 것이 열 달 동안 조심하는 것보다 낫고, 열 달 동안 잘 태교하는 것이 아이가 태어난 이후 첫 돌까지 잘 기른 것보다 나으며, 첫 돌까지 잘 보호하고 양육하는 것이 그 이후 모든 소아기 동안 잘 길러주는 것보다 낫다.

태교

임신의 준비

사람을 살아가게 하는 법도는 자식을 얻는 데서 시작하고, 자식을 얻으려면 먼저 월경을 고르게 해야 한다. (…중략…) 월경이 고르지 않으면 혈기가 어그러져서 임신할 수가 없다.

《단계심법》

남자가 양정^{陽精}이 부족하면 비록 혈해(血海, 자궁을 의미함)가 고요한 때를 만나도 자궁으로 직접 사정하지 못하고 흘러나가 대부분 잉태가 되지 않는다. 평소에 욕심을 줄이지 못하여 정^精이 너무 많이 새어 나갔기 때문이다. 정^精의 근원을 보하면서 고요히 수련하여 몸을 기르고 화^火가 동하지 않게 하여 양정^{陽精}을 충실하게 한 뒤에 때에 맞추어 성교하면 단번에 성공할 것이다.

《의학입문》

15세가 되지 않은 여자는 음기가 완전하지 않고, 욕심이 많은 여자는 딸을 많이 낳는다. 품성과 행실이 온화한 여자는 월경을 고르게 하기 쉽고, 질투하는 여자는 월경이 고르지 않다. 악하게 생긴 여자는 그 형벌이 무겁고, 얼굴이 너무 예쁜 여자는 복이 적다. 너무 비만하여 자궁에 기름이 끼어 있거나 너무 야위어 혈이 없으면 모두 자식을 갖지 못하니 이것을 꼭 알아야 한다.

《의학입문》

모두 임신 전의 몸과 마음가짐에 관한 이야기이다. 여자의 경우 가장 중요한 것이 월경을 고르게 하는 것이고 남자의 경우 정精을 충만하게 하여야 한다는 이야기이다. 또한 마음가짐 역시 남녀 모두 욕심을 줄이고 마음을 화평하고 너그럽게 가져야 한다는 이야기이다. 들으면 너무도 쉽고 당연한 이야기이지만 실천하기에는 너무도 어려운 이야기이다.

여자의 경우 몸을 너무 차게 하면 안 된다. 요즈음 보면 배꼽이 드러나는 상의에 골반바지를 입어 앞뒤가 다 드러나게 하여 다니는 경우가 많은데 미용상으로는 어떨지 몰라도 임신기의 여성이라면 반드시 피해야 할 것이다. 찬 음식만 먹고 에어컨만 좋아하고 식사는 거르고 케이크나 빵에 커피 한잔으로 때우면서 먼저 시집간 누구는 돈이 많아 좋겠다며 욕심만 부리고 있으면 총명한 아이를 갖는 것과는 거리가 조금씩 멀어져 가고 있는 것이다.

남자의 경우 정精을 너무 소모하면 안 되는데 남자가 정을 소모하는 것은 단지 성생활뿐 아니라 지나치게 신경 쓰는 것, 과로하는

214

것, 과음하는 것, 수음^{手淫} 등이 모두 포함된다. 특히 요즘 남자들의 경우 결혼도 안 하고 여자 친구도 없는데 맥^脈을 보면 상정^{傷精}, 즉 정을 많이 소모한 맥이 나오는 경우가 있는데 이런 경우 문진해보면 십중팔구 밤늦도로 컴퓨터 게임에 빠져 몸을 망친 경우이다. 자야 할 시간에 자지 않고 컴퓨터 게임이나 채팅에 빠져 있다면 이 또한 정을 소모하는 지름길임을 알아야 한다.

잉태의 순간

　무엇이든 시작이 중요하다. 한 해의 농사를 시작하는 농부도 씨 뿌리는 날짜를 택일하는데, 하물며 새로운 생명을 잉태함에 있어서 그 중요성은 말할 나위도 없는 것이다. 하지만 요즘 부모들을 보면 열 달 동안 태교는 할 줄 알아도 잉태의 첫 순간에는 별로 신경을 쓰지 않는 것 같다.

　무릇 어떤 신체 환경에서 어떤 정자와 난자가 만나는가는 이후 열 달 동안의 태교에 못지않게 중요한 것이다. 그 다음이 열 달 동안의 태교요 그 다음은 태어나서 100일 동안이 중요하고 그 다음이 첫돌까지의 시기이며 그 다음은 36개월까지, 그리고 나머지 부분은 우리가 일반적으로 소아기라고 규정하는 15세 이하까지의 관리 순으로 중요하다.

　이렇게 보면 사실 평생의 건강은 15세 이전에 다 결정된다고 해도 과언이 아닌 셈이 된다.

성생활에서 삼가야 할 것(음양교합피기陰陽交合避忌)

성생활을 할 때 병일丙日과 정일丁日, 음력 보름과 그믐, 초하루, 바람이 심하고 비가 많이 오며 안개가 자욱하게 끼고 몹시 차거나 더운 날, 번개가 번쩍거리고 우레 소리와 벼락이 치는 날, 날씨가 흐려서 캄캄할 때, 일식·월식·무지개가 설 때와 땅이 진동할 때 성생활을 하면 신기神氣가 상해서 좋지 않다. 남편에게 더욱더 해롭고 부인에게는 병이 생기며 만일 임신이 되면 전간과 바보, 멍청이, 벙어리, 귀머거리, 절름발이, 장님이 되거나 병이 많이 생겨서 오래 살지 못하고 착하지 못한 자식이 생길 수 있다. 또 해와 달, 별, 불빛 아래에서나 사당이나 절간에서나 우물·부엌·뒷간에서나 무덤이나 송장 곁에서 성생활을 하는 것은 모두 좋지 않다. 성생활 할 때 위에서 말한 것을 피하면 복덕이 있어서 현명한 인물이 태어나서 성품과 행실이 온순하고 단정하여 집안이 날로 융성할 것이다. 그렇게 하지 않으면 박복하여 우둔하고 미련하며 악한 자식이 태어나 성품과 행실이 나쁘고 험악하여 어떤 일이든지 되지 않으며 집안이 날로 몰락한다. 화와 복의 응함이 그림자와 메아리처럼 빠르니 경계하지 않을 수 있겠는가.

《천금방》

아니 이것저것 다 가리고 나면 도대체 언제 하란 말인가? 물론 위에서 말한 것은 현대에 그대로 적용하기는 어렵다. 옛날에는 지금처럼 영양 상태도 좋지 않았고 냉난방의 상태도 좋지 않았다. 의

식주의 환경이 지금과는 모두 다르기 때문에 전적으로 모두 따를 필요는 없을 수도 있다. 하지만 좋은 것이 좋다고 조금만 조심하면 아이의 평생을 좌우할 수도 있으므로 참고로 하여 적어도 임신을 위한 성관계만은 위와 같은 상황을 피하는 것이 좋을 것 같다. 또한 현대에서도 특히 조심해야 할 부분도 있으니 참고로 하는 것이 좋을 것 같다.

38세의 남자환자. 이분은 극심한 피로감과 무기력함, 그리고 자주 감기에 걸려서 내원하셨다. 진맥을 해보니 허로(虛勞, 피로의 단계를 넘어서서 허열[虛熱]이 발생된 상태)의 맥이었다. 허로의 원인을 찾기 위해 이것저것 문진하다가 직업을 물으니 경찰관이었다. 이 환자분은 잦은 교대근무로 인하여 밤낮이 자주 바뀌었다. 야근을 하고 퇴근을 하면 주로 낮에 성생활을 자주 한다고 하였다. 한방에서는 밤낮이 바뀌는 것 자체가 몸에 엄청난 해가 된다고 보는데, 거기다가 낮에 하는 성생활은 더욱 해롭기 때문에 이분은 젊은 나이에도 불구하고 허로의 증상이 생긴 것이다.

함께 온 부인 역시 진맥해보니 자궁 기능이 좋지 않았고 아홉 살 된 아들 역시 진맥해보니 역시 예상대로 선천지기가 약하고 맥이 좋지 않았다. 어머니 되는 분이 아들이 학업 능력이 떨어지고 집중을 잘 하지 못하는 것 같으니 총명탕을 좀 지어달라고 하셨다. 낮에 성생활 하는 것은 밤에 할 때보다 정의 소모가 많으니 주의하라는 당부와 함께 남자 분께는 보정補精시켜주는 약을, 아드님에게는 선천지기를 보하는 약과 머리를 맑게 하는 약을 각각 지어 드렸다.

이처럼 교합에는 날짜뿐 아니라 시간도 중요한 영향을 미친다. 아이와 본인의 건강을 위해서는 평소에도 해가 있을 때 성관계 하는 것은 피하는 것이 좋다.

또 한 가지 중요한 것은 음주이다. 과음 후 성관계 하여 임신하면 주독이 그대로 태아에게 들어가 태아의 건강에 여러 가지 악영향을 미친다. 동물실험에서 임신 전에 알코올을 마신 아빠동물의 새끼들은 몸무게가 적게 나갔고 무엇을 가르쳐주면 제대로 배우지 못했으며 사망률이 높았고 대소변의 양이 적었다고 한다. 사람을 대상으로 한 실험에서도 부모 모두 어느 쪽이든 술을 자주 마시는 경우 아기가 체중 미달일 확률이 높았는데 체중 미달은 성장장애가 있었다는 이야기다.

아무튼 건강한 아이를 낳기 위해서는 반드시 부모 모두 최적의 건강 상태에서 임신을 해야 하므로 임신을 준비하는 예비 아빠 엄마라면 모두 일상생활에서 삼가고 주의해야 할 것들을 꼭 주의해야 한다.

시월양태

　최적의 상태에서 임신이 되었다면 다음으로 중요한 시기는 바로 280일간의 임신기간이다. 이 기간 역시 아이의 두뇌 발달과 평생건강에 있어 매우 중요하며 출산 이후의 엄마의 건강을 위해서라도 이 시기를 잘 보내야 한다.

　보통 엄마의 건강은 산후조리를 잘하면 된다고 생각하지만 임신기간의 건강에 따라 산후의 회복에는 엄청난 차이가 있다. 예를 들면 임신중독증으로 인해 임신기간 중 심하게 부었던 환자는 출산 후에도 부종이 잘 빠지지 않고, 임신기간에 입덧이 심해 영양 섭취가 불균형했던 환자는 역시 출산 후 자궁과 복부의 수축이 더디 일어나게 되는 것이다. 날씬하고 건강한 엄마가 되기를 원한다면, 또한 총명하고 건강한 아이를 낳길 원한다면 이 280일 동안을 정말 중요하게 여겨야 한다.

　임신기간을 28일씩 10개월로 나누어 매월마다 해당하는 경락이 태아를 기른다는 이론이 시월양태론인데, 사철의 절기가 봄에서 시작되는 것처럼 태아를 기르는 것도 간담肝膽에서 시작된다. 오행상 봄은 목木의 기운이 성한 시기고 인체 내에서 목木은 간담肝膽에 해당된다.

이 이후 오행의 상생이론인 목생화(심포[心包]와 소장[小腸]), 화생토(비장[脾臟]과 위[胃]), 토생금(폐[肺]와 대장[大腸]), 금생수(신장[腎臟]과 방광[膀胱])의 순으로 진행한다. 첫달은 족궐음간경맥, 둘째달은 족소양담경맥, 3개월째는 수궐음심포경맥, 4개월째는 수소양삼초경맥, 5개월째는 족태음비경맥, 6개월째는 족양명위경맥, 7개월째는 수태음폐경맥, 8개월째는 수양명대장경맥, 9개월째는 족소음신경맥, 10개월째는 족태양방광경맥이 각기 태아를 기르는 주된 역할을 하게 된다.

임신 첫달

족궐음간경맥이 태아를 기른다.

대체로 사람이 생기는 것은 어머니의 자궁이 열릴 때 아버지의 정액이 들어가서 합치면 음막이 둘러싸는 것이 주머니 끈을 졸라매는 것처럼 되어서 정혈이 충맥의 기운에 의하여 자연히 쉬지 않고 돌면서 말똥구리가 말똥을 굴리듯 굴려서 자그마한 구슬 같은 것이 생기게 된다.

(중략)

이렇게 모두 27일이라는 날짜가 지나면 구멍이 자연히 엉켜서 한

개의 낱알이 되는데 마치 이슬 방울 같다. 그 후 태극이 동하여 양이 생긴다. 하늘이 처음 수水를 낸 것이므로 이것을 배胚라 한다. 이렇게 첫달에는 월경이 없어지고 아프지도 않으며 음식을 먹는 것이 평상시와 조금 다를 뿐이다. 이때 성생활을 하거나 경솔히 약을 먹어서는 안 된다.

임신 첫달은《동의보감》에서 약을 함부로 먹어서는 안 된다고 명시한 유일한 기간이다.

임신 2개월

족소양담경맥이 태아를 기른다.

(중략)

땅이 두 번째로 화를 낸 것이므로 운膶이라고 한다.

(중략)

만일 토하고 구역이 나며 신것을 먹고 싶어하면 이것을 임신오조라고 하는데 임신이 된 것이 확실하다. 한 가지 음식만을 치우쳐 먹기를 좋아하면 이것은 한 장기가 허약해진 것이다. 가령 신것을 좋아하는 것은 간이 태아에게 혈을 영양하여 허해졌기 때문이다.

이때부터 입덧이 시작된다. 간이 태아를 기르느라 허해졌기에 신것이 먹고 싶어지는 것이다.

TV나 영화에서 보면 멀쩡하던 여자가 갑자기 입을 막고 구역질을 하면서 뛰어나가는 장면이 나온다. 그러면 주위에서 "혹시~" 하는 표정으로 눈이 동그래지게 되는데 다 아시다시피 이 증상이 바로 입덧, 즉 임신오조이다.

일반적으로 임신 2~3개월이 되면 정도의 차이가 있지만 대부분의 임신부가 위장장애, 가벼운 오심감이나 구토, 어지러움, 불안감, 신것이 먹고 싶은 증상 등을 나타낼 수 있다. 이와 같은 증후군을 흔히 입덧이라고 하는데 가벼운 경우 특별한 치료를 하지 않아도 일정 기간이 지나면 자연 소실되는 경우가 많다. 그러나 심한 경우는 구토 등으로 영양장애를 일으킬 수 있고 또한 임신중독증으로 발전할 수도 있으므로 적절한 치료를 받아야 한다.

입덧의 주증상인 구토는 보통의 위장장애로 인한 구토와는 달리 새벽이나 오후 3시경의 주로 공복 시에 일어나기 쉬운 것이 특징이다. 따라서 구토의 내용물은 음식물이 섞이지 않은 점액성 액체인 경우가 많으며 때로는 담즙이 섞인 황색액체를 토하기도 한다.

임신오조는 평소 위장질환(위염, 위궤양, 위하수, 만성변비 등)이나 신경질환(신경과민, 오랜 직장 생활 등으로 스트레스를 많이 받고 있는 경우, 마음이 불안한 경우 등)을 가지고 있었던 임산부에게 쉽게 일어난다.

한방에서는 그 원인을 담음이라고 보는데 담음과 혈이 맞부딪혀 담음을 밀어내기 때문이라고 본다. 한방치료 역시 이와 같은 관점에서 비위(소화) 기능을 개선시켜주고 기의 울체(기울-스트레스, 긴장 등)를 풀어서 담음을 소실시켜주고 정신적인 안정을 돕고 체내의 음양한열의 편차를 보정해주는 방법으로 치료한다. 주로 탕제를 투여하게 되며 이때 사용하는 약재는 임신 시에도 복용이 안전한 약재만을 선별하여 사용하게 된다. 침 치료 역시 우수한 효과를 발휘하지만 평소 침 치료에 대한 공포나 긴장이 있었다면 오히려 정신적인 스트레스로 작용할 수 있고, 태기불안을 야기시킬 수 있으므로 적당하지 않다.

임신오조에 가장 좋은 것은 바로 매실과 생강이다.

매실은《동의보감》에서 그 효능을 '담을 삭이고 구토와 갈증, 이질 등을 멎게 한다'고 하여 평소에도 좋은 구토 억제작용과 거담작용 등을 하는데 특히 임신 초기에는 매실의 신맛이 과도하게 항진된 간기를 진정시켜서 비위의 기능을 개선시켜주는 작용이 있다. 백화점, 농협 등에 가면 매실청(매실 농축액)을 구입할 수 있는데 이 매실청을 적당량의 물에 희석하여 조금씩 마시면 된다. 특별이 너무 먹기 어려운 경우가 아니고는 꿀, 설탕 등의 감미료는 타지 않는 것이 좋다. 한꺼번에 한 컵을 먹는 것이 아니고 스푼으로 떠먹듯이 조금씩 조금씩 먹어야 한다.

생강은 반드시 즙을 내어서 먹어야 한다. 일반적으로 판매하는 인스턴트 생강차나 생강을 끓여서 우려내는 생강차는 효과가 현저히 떨어진다. 잘 씻은 생강을 분쇄기 등으로 갈아서 천으로 싼 후 눌러서 즙을 짜 놓았다가 따뜻한 물 한 커피 잔 정도에 2~3티스푼 정도의 생강즙을 넣은 후 잘 저어서 역시 조금씩 복용한다. 한꺼번에 마시면 오히려 구토를 유발할 수 있으니 조심하여야 한다.

앞에서 언급했듯이 스트레스나 정신적 긴장 등은 입덧을 악화시킬 수 있으므로 반드시 안정을 취하고 주위환경의 변화에 무심해져야 한다. 잦은 산책과 맑은 공기를 마시고 명상음악을 듣는 것도 많이 도움이 된다.

임신 3개월

수궐음심포경맥이 태아를 기른다.

(중략)

남녀의 형체와 영상이 생기면서 사람의 모양으로 되며 코와 남녀의 생식기가 먼저 뚜렷이 구별되며 몸체가 은연히 갖추어지게 된다. 이것을 태胎라고 한다.

(중략)

이때 유산하기 쉬우므로 금출환芩朮丸을 자주 먹는 것이 아주 좋다.

이 시기는 특히 유산을 조심해야 한다. 유산의 대표적인 전조증은 태루와 태동, 즉 복통과 하혈인데 이러한 증상이 있으면 절대 안정을 취하여 주로 누워만 있고 바로 탕약을 지어 복용하여야 한다.

한방에서는 이러한 증상을 완화시킬 수 있는 금출환芩朮丸 안태음安胎飮 등 여러 처방이 있으므로 시기를 놓치지 않고 적절히 대처하면 위기를 넘길 수 있다.

동양철학에서 숫자는 숫자 이상의 의미가 있는데 1, 3, 5, 7, 9

같은 홀수는 양수에 해당하고 2, 4, 6, 8, 10 등의 짝수는 음수에 해당한다.

양이라는 것은 변화와 성장을 의미하고 음이라는 것은 안정과 수렴을 의미하기 때문에 한방에서는 양월, 즉 홀수 달에 유산이 되기 쉽다고 본다.

홀수 달 중에서도 특히 변화의 의미가 가장 강한 3월에 유산이 되기 쉽다고 보기 때문에 임신 후 3개월이 되면 유산에 각별이 신경을 써야 한다.

3월에는 심신의 안정을 취하고 먼 여행을 하거나 무거운 것을 들거나 과로하는 것, 스트레스 받는 것 등을 피해야 한다.

특히 최근에는 임신 후에도 직장에 다니는 산모들이 많은데 유산 경험이 있는 산모의 경우 가급적 초기 3개월이 될 때까지는 휴가를 낼 수 있으면 휴가를 내는 것이 바람직하다. 그렇지 못하면 절대 과로해서는 안 된다.

임신 4개월

수소양삼초경맥이 태아를 기른다. 이달에는 남녀의 구별이 분명하다. 처음으로 수水의 정기를 받아서 혈맥血脈이 생기고 형체가 갖추어지고 육부六腑가 생긴다. 만일 태동胎動으로 하혈하면 안태음安胎飮을 쓰는 것이 좋다.

임신 5개월

족태음비경맥이 태아를 기른다. 처음으로 화金의 정기를 받아서 음과 양의 기가 생겨나고 힘줄과 뼈와 팔다리가 다 생기고, 털이 나오기 시작한다.

임신 6개월

족양명위경맥이 태아를 기른다. 처음으로 금金의 정기를 받아서 힘줄이 생기며 입, 눈 등이 모두 생긴다. 만일 태동이 있으면 안태음安胎飮을 쓰는 것이 좋다.

임신 7개월

수태음폐경맥이 태아를 기른다. 처음으로 목木의 정기를 받아서 뼈가 생기고 피부와 털도 생기며, 또 혼이 생기고 왼쪽 손을 움직인다.

임신 8개월

수양명대장경맥이 태아를 기른다. 처음으로 토土의 정기를 받아서 피부가 생기고 몸체와 골격이 점점 자라며 구규(九竅—눈, 코, 귀, 입, 항문, 뇨도)가 다 생기고 백魄이 생기며 오른손을 움직인다.

임신 9개월

족소음신경맥이 태아를 기른다. 처음으로 석石의 정기를 받아서 피부와 털과 뼈마디가 완전해지고 몸이 세 번 돌아간다.

임신 10개월

족태양방광경맥이 태아를 기른다. 기氣를 충분이 받아서 오장육부가 다 통하고 천지의 기를 단전丹田에 받아들여 뼈마디와 신기神氣가 다 갖추어진 다음 낳게 된다.

(중략)

달이 지나서 낳은 아이는 부귀하고 장수한다. 그러나 달이 차지 않아서 낳은 아이는 약하고 일찍 죽을 수 있다. 혹 말하기를 달이 지나서 낳으면 귀한 아이를 낳는다고 하였다.

예를 들어 대장경락이 양태하는 8개월 때에 영양섭취가 불균형하거나 과로를 하거나 설사를 심하게 해서 해당 경락이 허해지면 그 달에 주로 생성되는 기관이 약해지므로 이렇게 태어난 아이는 피부병이나 눈병, 귓병 등이 잘 오게 된다.

이처럼 임신 기간은 매달 매달이 중요하다. 이번달에 많이 쉬고 잘 먹었으니 다음달에는 과로 좀 하고 덜 먹어도 된다고 생각해서는 안 된다는 것이다.

임신 중 한약을 복용하면 안 되는가?

　최근 여러 가지 이유를 들어 임신중 한약 복용을 꺼리는 경우가 많은데 한의사의 입장에서 보면 너무나도 어처구니없는 일이다.

　그 이유를 살펴보면,

　첫째, 《동의보감》에는 각 개월마다 주관하는 장부경락이 나와 있고 그에 따른 한약 치료법이 수록되어 있다. 또한 임신중 복용하면 좋은 처방과 그 처방을 언제 어떤 증상에 복용하면 좋은지, 그리고 임신중 복용하면 좋은 약재뿐 아니라 복용하면 안 되는 약재까지 상세히 수록되어 있다.

　《동의보감》은 그 이전 모든 한의학 서적을 집대성하여 당시 조선의 풍토와 조선인의 체질에 맞게 다시 정리한 것이다. 즉 《동의보감》에 나오는 처방은 수백 년 이전부터 쓰여지면서 안정성이 검증된 처방들을 모아 놓은 것이며 그 처방들을 한의사들이 500년 넘게 써오고 있는 것이다.

　만약 이러한 처방에 문제가 있다면 지금까지 그 처방들이 쓰여질 리 없고 벌써 수없는 문제들을 만들어왔을 것이다.

　임신중 처방은 한의사가 임의로 새로 만드는 것이 아니라 거의 정해져 있고 가감이 된다 하더라고 한두 가지 약재에 국한되어진다. 이처럼 길게는 천년 이상 검증된 한약 처방을 믿지 못한다면 어떤 약을 쓸 수 있겠는가?

　둘째, 최근 한약의 안정성에 관한 보도 탓인지 약재의 안정성을 들어 한약 복용을 꺼리는 경우가 있다.

한약은 원래 재배, 혹은 야생에서 채취한 것을 한의사가 직접, 혹은 약초꾼이나 약재상을 통해 조금씩 직접 납품받는 형태로 사용되어 왔다. 이러한 것이 지금은 제약회사에서 한의원으로 납품되는 현대적 형태의 시스템으로 바뀌었다.

한약의 안정성 문제는 이러한 과정에서 비롯된 과도기적 문제였을 뿐이다. 현재 한의원에서는 GMP시설을 갖춘 제약회사에서 제조한 규격한 약재만 쓰게 되어 있으며(위반하면 면허증이 위태롭다) 제약회사에서는 나름대로 시설을 갖추고 수십여 가지의 안정성 실험을 통과한 깨끗한 약재만 엄선, 세척 포장하여 한의원으로 공급하고 있다.

또한 우리가 복용하는 한약은 탕제의 형태로 복용하게 되는데 전탕 과정에서 약재에 소량 남아 있을 수 있는(식품의약안정청의 허용범위 내의) 농약 성분은 수증기를 통하여 날아가고 중금속의 경우 물과 반응하지 않고 분리되는 성질이 있어 한약을 끓인 후 찌꺼기는 버리기 때문에 복용하는 한약 탕액에는 위험물질이 함유되지 않은 안전한 탕약을 복용하게 되는 것이다.

셋째, 임신기간 중 병을 앓게 되거나 산모가 허약하게 되면 태아에게 너무도 안 좋은 영향을 미치게 된다.

산모의 건강 상태는 태아의 건강에 결정적 영향을 끼치므로 단지 열 달 동안에 유산하지 않고 낳는 것이 중요한 것이 아니라 최상의 건강 상태를 유지하는 것이 산모에게나 아이에게나 중요한 일이기 때문이다.

유산 기로 태아의 목숨이 경각에 달렸거나 입덧으로 몇 주씩 밥도 못 먹고 토하면서 한약 먹기를 거부하고 5~6개월에 빈혈이 너무 심해서 어지럼증 때문에 거동도 못하면서도 한약을 먹으면 태아가 어떻게 될지 모른다고 말하고, 임신중독증으로 하루가 멀다 하고 수액 제제에 의존하면서도 양의사의 말만 듣고 한약은 먹으면 안 된다고 말하는 산모를 보면서 정말 너무 답답해서 가슴을 친 적이 한두 번이 아니다. 너무 안타까워 "그럼 침이라도 제발 맞으세요"라고 말하면 돌아오는 대답, "침은 위험하지 않나요?" "……."

이것이 한의학 전통이 가장 잘 살아 있다는 대한민국 한의학의 현주소이다.

임신중의 마음가짐

자식은 어머니의 피로써 생겨난다. 그런데 어머니의 마음이 동요하면 피도 동요하게 된다. 그러므로 어머니의 마음이 바르지 않으면 자식이 생겨나는 것 또한 바르지 않게 된다.

임신부의 도리는 경건한 자세로 자신의 마음을 보존해야 한다. 임신부는 사람을 해치거나 생물을 죽이려는 생각을 절대 하지 말아야 한다. 임신부는 자신의 마음속에서 간사한 생각, 훔치려는 생각, 질투하는 생각, 훼방하려는 생각을 뿌리뽑아야 한다. 이렇게 한 후에야 입으로 하는 말이 떳떳하고 얼굴색도 평안할 수 있다. 만약 잠시라도 경건한 자세를 잊는다면 이미 그 피가 잘못되어 자식이 잘못될 수 있다. 그러므로 임신부는 반드시 경건한 자세로 자신의 마음을 보전해야 한다.

《태교신기》

우리가 흔히 자식을 피붙이, 혈육이라고 한다. 또한 한 가족은

한 핏줄이라고 이야기하기도 한다. 이렇게 말하는 이유는 어머니는 자신의 혈로써 자식을 양육하기 때문이다. 그리고 이 피는 기氣의 흐름에 따라 그 흐름이 좌우되며 이 혈 속에는 신神이 깃들어 있다. 마음이 동요하면 기가 동요하며 기가 동요하면 혈이 함께 동요하게 된다. 희(喜-기쁨), 노(怒-화냄), 우(憂-근심), 사(思-생각), 비(悲-슬픔), 공(恐-공포), 경(驚-놀람)의 칠정의 변동은 기의 흐름에 결정적으로 영향을 미치게 되며 그에 따라 혈도 함께 동요하게 되는 것이다.

희喜

기뻐하는 마음이 들면 기가 화평하고 이완된다. 기쁘다는 것은 자기의 뜻을 이루는 것이기 때문이다. 기가 화평하고 이완되면 기의 순행이 모두 순조롭고 안정되게 된다. 하지만 기뻐하는 마음이 지나치면 오히려 기의 순행이 지나치게 느려지고 이완되므로 기가 흩어져 버린다. 또한 기쁨의 감정이 지나쳐 심心을 상한 자는 빨리 걷거나 오래 서 있지 못한다.

노怒

분노하는 마음이 들면 간기肝氣가 동요하게 되면서 기가 역상하며 혈도 함께 역상하게 되어 심하면 피를 토하게 된다. 또 지나친 간의 기운이 비위를 눌러 설사하게 된다. 텔레비전의 역사극 같은 데서 보면 너무 억울한 일을 당하면 화를 내면서 피를 토하면서 죽는 장

면이 나온다. 또 갑자기 화를 내면 기가 역상하면서 혈도 역상하여
뇌출혈을 일으키기도 한다.

우憂, 사思

근심을 많이 하거나 한 가지 생각에 연연하여 결론을 내리지 못
하고 계속 생각을 거듭하게 되면 기운이 흐르지 못해 기가 결하는
증상이 생기게 된다. 기가 결하면 소화가 안 되고 헛배가 부르면서
몸이 붓는 증상이 생긴다.

비悲

슬픔은 폐에 속하며 슬픔이 발하면 폐의 기운이 폐색된다. 폐는
기의 생성과 순환을 주관하는데 폐의 기운이 폐색되면 기의 생성이
이루어지지 않아 기가 소모되는 증상이 생긴다. 임상에서도 사랑하
는 사람을 잃거나 갑자기 혈육이 죽는 경우 기운이 없어 일어나지
도 못하고 누워 있거나 모든 의욕을 잃고 멍하니 있는 환자를 보게
된다.

공恐

공포는 신장을 손상시킨다. 신장은 정을 보관하는 탱크의 역할
을 하는데 공포를 느끼면 정이 손상되게 되고 정이 손상되면 신기
의 승강이 안 되고 기운의 운행이 안 되어 아랫배가 불러오르는 증
상이 생길 수 있다. 우리가 갑자기 무서움을 느낄 때(예를 들면 놀이

기구 탈 때) 아랫배가 뻐근하면서 소변을 보고 싶은 마음이 들거나,
혹은 허리가 아프다고 느낄 수 있는데 이 모두 하초 쪽의 기가 운
행되지 않아 생기는 증상이다.

경 驚

크게 놀라면 신이 흩어져 소실되고 혈과 기가 분리되며 음양이
흩어져 버리므로 기가 어지럽게 흩어져 버린다. 특히 임신중에 조심
해야 하는 것이며 우리가 깜짝 놀라면 애 떨어질 뻔했다고 하곤 하
는데 혈기가 분리되고 음양이 흩어지면서 낙태의 우려가 있기 때문
이다.

이처럼 감정의 동요는 우리 몸에 직접적인 영향을 주기 때문에 임
신중에 엄마의 마음가짐은 그 어떤 것보다 중요하다. 하지만 우리
마음이 우리 마음대로 움직여 주지를 않는다. 화를 내지 말아야지
한다고 화가 안 나는 것도 아니고, 무서워하면 안 된다고 수없이
되뇌어도 무서운 것은 무서운 것이다. 때문에 임신 전부터 마음을
다스리는 연습을 꾸준히 해야 하며, 모든 감정의 근원인 욕망과 분
노를 항상 경계해야 한다.

임신중의 금기

수태한 후에는 남녀의 성교를 절대로 금한다.

《의학입문》

임신부는 절대로 술을 마시면 안 되고 약을 술에 타서 먹어도 안
된다. 술은 모든 맥을 흩어지게 하여 여러 질병이 생기게 하기 때
문이다. 단지 물로 달인 약을 먹는 것이 좋다.

《득효방》

수태한 후에 절대로 태살胎殺이 있는 곳을 피해야 한다. 가령 이웃
집에 공사하는 것도 피해야 한다. 경에 "칼에 상하면 형形이 반드시
상하고, 진흙에 상하면 구규九竅가 반드시 막히며, 맞거나 부딪히면
색이 검게 되고, 묶이면 서로 경련이 인다"고 하였다. 이 경우 심지
어 임신부가 죽기도 하니, 쉽게 경험할 수 있다.

《득효방》

한의학에서는 임신중에 성관계하는 것을 절대 금하고 있다. 임신중 성관계는 직접적인 유산 위험 외에도 태아에게 안 좋은 영향을 미치는 것으로 본 것이다. 또한 술을 마시는 것, 위험한 곳에 노출되는 것도 태살이라고 하여 조심할 것을 당부하고 있다.

가끔 한의원으로 문의전화가 오곤 한다. "임신중인데 개고기 먹어도 돼요?", 혹은 "게찜 먹어도 돼요?"라고. 이런 산모들을 위하여 음식 금기를 적어놓는다.

tip 음식 금기

당나귀와 말고기를 먹으면 해산할 달이 지날 뿐 아니라 난산한다.

개고기를 먹으면 아이가 소리를 내지 못한다.

토끼고기를 먹으면 아이가 언청이가 된다.

비늘 없는 물고기를 먹으면 난산한다.

방게를 먹으면 태아가 가로놓여 나온다.

양의 간을 먹으면 태아에게 좋지 못한 일이 많다.

닭고기와 달걀을 찹쌀과 같이 먹으면 아이에게 촌백충이 생긴다.

오리고기나 그 알을 먹으면 아이가 거꾸로 나오고 뱃속이 차다.

참새고기를 먹고 술을 마시면 아이가 음탕하고 부끄러운 것을 모르며, 혹은 참새알 껍질 같은 얼룩이 생긴다.

자라고기를 먹으면 아이의 목이 짧아지고 머리가 쭈그러진다.

생강 싹을 먹으면 아이의 손·발가락이 하나씩 더 생긴다.

율무쌀을 먹으면 유산한다.

맥아를 먹으면 태기胎氣가 소모된다.

비름나물을 먹으면 유산한다.

마늘을 먹으면 태기胎氣가 소모된다.

메기를 먹으면 아이에게 감식창疳蝕瘡이 생긴다.

산양고기를 먹으면 아이에게 병이 많다.

여러 가지 버섯을 먹으면 아이에게 경풍이 생기고 요절한다.

《의학입문》

육아

　출산 이후에 아이 기르는 법 역시 한의학과 서양의학에는 큰 차이가 있다.

　출산 후 서양의 산모는 미지근한 물에 샤워하게 한 후 먹고 싶은 것 아무거나 먹으라고 한다. 그러면 산모들은 피자나 햄버거를 주문해 먹는다고 한다. 그리고 하루 이틀이면 퇴원해 난방도 안 되는 보통 침대에서 생활하고 수일이면 외출도 다 하고 정상처럼 생활한다. 한국에서 이런 일이 있으면 평생 산후풍으로 고생할 것이다. 이런 이유는 동양인과 서양인의 유전적 차이가 너무 크기 때문이다.

　이처럼 산후조리에 있어 이렇게 차이나는 것처럼 육아법도 동서양의 차이가 크니 무조건 서양의학적인 방법대로 하는 것보다는 한의학적인 방법을 참고하여 우리 체질에 맞는 육아법을 개발해야 할 것이다.

소아포유법 _{젖 먹이는 방법}

아이 기르는 일 중에 첫 번째로 중요한 것이 젖 먹이는 방법이다. 젖이야 시간 맞추어 물리면 되는 일이겠지만 《동의보감》에서는 이것을 따로 하나의 주제로 만들어 다룰 만큼 중요한 일로 여기고 있다.

사람이 태어나서 16살 전까지는 혈과 기가 모두 왕성하여 마치 아침에 해가 떠오르는 것 같고 보름달이 둥글어지는 것과 같다. 그러나 음陰의 성장만큼은 부족하므로 장위腸胃가 연약하고 좁으니 양육에 주의해야 한다.

대개 젖을 먹일 때는 먼저 고인 젖을 조금 짜 버리고 먹여야 한다. 어머니가 잠이 와서 자려고 할 때는 즉시 먹이던 젖을 중단해야 한다. 그것은 어머니가 곤하게 잠들면 아기가 젖을 지나치게 먹어도 모르기 때문이다.

어린아이가 울음을 그치기 전에는 젖을 먹이지 말아야 한다. 그것은 젖이 가슴에 막혀서 토할 염려가 있기 때문이다.

젖을 먹인 다음에는 밥을 주지 말고 밥을 먹인 다음에는 젖을 주지 말아야 한다. 젖과 밥이 한데 섞이면 소화가 잘 되지 않고 뱃속에 뭉쳐서 배가 아프게 된다. 대개 벽(癖, 뱃속에 소화 안 되는 덩어리)이 되거나 적(積, 체기가 오래되어 속에서 뭉친 것), 혹은 감질(疳疾, 만성 소화불량과 함께 몸이 점점 야위는 증상)이 되는 것은 다 이런 데서 생긴다.

어린이들은 혈과 기가 다 왕성하고 음식이 쉽게 소화되어 먹는 것이 한정이 없으나 장위가 아직 연약하고 좁으므로 일체 열을 나게 하거나 잘 소화되지 않는 음식을 모두 금해야 한다. 다만 곶감과 익힌 채소와 흰죽을 주면 병이 없을 뿐 아니라 잘 자라게 된다. 이밖에 생밤은 맛이 짜고 곶감은 성질이 서늘하므로 음을 보하는 데 도움이 될 것이다. 그러나 밤은 보하는 성질이 너무 강하고, 감은 대변을 아주 굳게 하므로 이것들도 조금씩 먹이는 것이 좋다.

《동의보감》

젖은 반드시 처음에 손으로, 혹은 유축기로 조금 짜 버리고 먹여야 한다. 고인 젖은 배탈을 일으킬 수 있기 때문이다. 또한 유두 근처에 안 좋은 균이 있을지 모르니 조금 짜 버리고 먹이는 것이 좋다.

아이가 울면서 보채면 젖을 먹여 재우는 경우가 있다. 심지어는 아이가 잠든 뒤 한참 뒤에까지 젖을 물리는 경우도 있고, 한밤중에도 아이가 울면 젖을 물리는 엄마들도 있다. 이러한 것은 절대 피해야 한다. 아이는 잠이 들어도 젖을 문 상태에서는 무의식적으로 젖을 빠는데, 이렇게 자는 동안에 젖을 빨게 되면 두뇌 발달에도 좋지 않고 비위를 손상시킬 수 있으며 구토증을 유발할 수도 있다.

아이가 6개월쯤 되면 이유식을 시작하게 되는데 이때부터 돌까지는 묽은 죽을 먹여야 한다. 묽은 죽이란 밥알이 전혀 들어가지 않은 미음米飮을 의미한다. 너무 일찍 밥을 주게 되면 비위를 손상시켜 소화기가 나빠져 밥을 잘 먹지 않는 아이가 되거나 자주 체해서 배가 아프고 성장 및 두뇌 발달에도 문제가 생기게 된다. 열 달까지는 밥뿐만 아니라 일체의 덩어리 진 음식은 먹이지 않는 것이 좋다. 육류는 국물만 내어서 먹이고 과일도 덩어리째 주지 말고 과즙의 형태로 주어야 한다. 아이들이 잘 받아먹는다고 어른 먹는 것을 함부로 주면 이런 것이 모두 비위를 손상시키는 원인이 되는 것이다.

돌이 지나면서 아이들에게 먹이면 좋은 음식이 곶감과 밤이다. 《방약합편方藥合編》 약성가藥性歌에서는 곶감에 대하여 "백시(白柿-곶감) 껍질을 까서 햇볕에 말린 것으로 성이 차다. 위장을 보하여 튼튼하게 하니 숙식(宿食, 오래된 체기)을 소화하고 얼굴의 기미를 없애며 숙혈(宿血, 어혈)을 제거하고 목소리와 인후를 윤택하게 한다"고 되어 있으며 곶감의 표피에 붙은 서리같이 흰 가루에 대하여는 "상초(인체에 있어 명치 윗부분)를 맑게 하고 진액을 생하게 하며 갈증을 멈추고 목구멍과 잇몸이나 혀가 허는 것을 치료한다"고 되어 있다.

최근 시중에 나와 있는, 그냥 건조기에서 반 정도 말린 반건시가 아닌 정말 햇볕에 말린, 겉이 하얀 곶감(요즘 이런 거 구하기가 쉽지 않다)이라야 효과가 있다.

곶감은 위를 보하고 체기를 풀며 진액을 생하고 갈증을 푸니 아이에게 좋은 음식이 될 것이다. 조금씩 잘라서 먹이면 좋고 기미도 없애니 엄마도 함께 먹으면 더욱 좋을 것이다.

밤에 대해서는 "율자栗子는 맛이 짜며 성질이 따뜻하다. 기를 더해 주며 위장을 두텁게 하고 신장의 기운腎氣을 보하여 허기를 견디게 한다"고 되어 있다. 하지만 먹는 방법에 대해서는 건식(말려서 먹음)하면 보익하는 작용이 있고, 생식하면 기를 흩어 버리며, 쪄서 먹으면 기가 응체되니 화롯불에 반쯤 익혀 먹어야 한다. 소아가 너무 많이 먹으면 이가 더디 나며 생식生食은 소화하기 힘들며 익히면 체기가 발생한다"고 되어 있다.

일반적으로 아이에게 쪄서 숟가락으로 떠서 먹이게 되는데 이 방법보다는 군밤의 형태로 먹는 것이 가장 좋은 방법이다. 또한 두 가지를 한꺼번에 먹이면 찬 성질과 더운 성질, 단맛과 짠맛이 잘 배합되어 더욱 좋을 것이다.

변증후

　10개월 동안 양수 속에서 자라던 태아가 출생하면 신생아는 다시 10개월 동안 공기 중의 새로운 환경에 적응하기 위한 기간을 갖게 된다.

　이 적응 기간 중에 열이 나는 등의 감기 비슷한 증상이 나타나는데 이를 변증열이라고 한다.

　이것은 치료하지 않아도 저절로 낫는 생리적인 현상인데, 비유하자면 마치 지금 막 만들어낸 도자기를 단단하게 하기 위하여 도가니 속에 넣고 열을 가하는 것처럼 신생아의 장부를 튼튼하고 야물게 하기 위해 우리 몸 속에서 스스로 열을 내는 것이다.

　감기와의 감별법은 열이 나도 고열이 아니라 미열인 경우가 많고, 귀와 엉덩이를 만질 때 차갑거나, 윗입술에 흰 물집이 생기면 변증열에 속하게 된다.

　그러나 열이 난다고 해서 이를 감기로 오인하고 잘못 치료하게 되면 아이의 성장이 지연되거나 면역기능이 떨어지고 예민해지는 등의 부작용이 나타날 수 있게 된다.

　때문에 10개월 미만의 신생아가 미열이 있거나 조금 보채면 바로 해열제를 먹이거나 병원에 데려가지 말고 조금 두고 보거나 가까운 한의원으로 데려가길 권한다.

소아보호법

갓난아이의 피부는 단단하지 못하므로 두터운 옷으로 너무 덥게 해 주면 피부와 혈맥이 상해서 헌데가 생길 수 있다. 땀이 난 다음에는 땀구멍이 잘 닫히지 않아서 풍사가 쉽게 들어가게 된다. 만일 날씨가 따뜻할 때 갓난아이를 안고 나가서 자주 바깥바람과 햇빛을 쪼여 주면 기혈이 든든해져서 바람과 추위를 잘 견딜 수 있으며 병에 걸리지 않게 된다.

요즘 사람들은 어린이를 안아주기만 하고 땅 기운을 받지 않게 해서 힘줄과 뼈가 약해져 쉽게 병나게 하는데, 이것은 아이를 사랑하고 보호하는 것이 아니다.

밤에 잘 때 갓난아이가 어머니의 팔을 베게 하지 말고 반드시 콩주머니 1~2개를 만들어서 베게 하고, 늘 어머니의 왼쪽 또는 오른쪽 가까이 눕혀두고 머리와 얼굴을 내놓고 이불을 덮어 주어야 한다. 만일 늘 한 방향으로만 눕히면 놀라는 병이 생길 수 있으므로 수시로 돌려눕혀야 한다.

소아보호법

추운 날씨에는 부모들이 늘 입던 옷으로 의복을 만들어 입히되 새
솜과 새 비단천을 쓰지 말아야 한다. 단지 헌 것으로 옷을 만들어
입히라고 한 것은 지나치게 덥게 하면 뼈와 힘줄이 연약해져서 병
에 쉽게 걸리기 때문이다.

70~80살의 늙은이가 입던 헌 바지나 헌 저고리를 뜯어서 아이들
의 의복을 해 입히면 진기가 전해져서 어린이가 오래 살 수 있다.
잘 산다고 하여 새 모시나 비단 같은 것으로 어린아이의 옷을 만
들어 입히지 말아야 한다. 이렇게 하지 않으면 병이 생길 뿐만 아
니라 복을 적게 받을 수 있다.

갓 나서 3~5개월까지는 이불에 싸서 눕혀 두고 머리를 세워 안고
밖으로 나가지 말아야 한다. 6개월이 되면 묽은 죽(미음)을 주되 젖
과 같이 먹이지 말아야 한다.

《동의보감》

　내가 한의학을 배운 스승님께서는 돌이 안 된 아이는 묵과 같
다고 말씀하셨다. 즉 내부 장기, 특히 뇌가 완전히 굳어지지 않
았기 때문에 3개월까지는 가급적 안아주지 말고 안고 흔든다거나
아래위로 들었다 내렸다 하는 행동 등은 절대로 하지 말라고 말씀
하셨다.

　《동의보감》에도 '어린아이는 그 장부가 위태롭고 완전하지 않으
며 피부와 뼈가 연약하고 혈기가 성하지 못하며 경락이 가는 실과
같으며 맥박과 숨쉬는 것이 털과 같이 약하다"고 되어 있다.

백일도 안 된 아이를 이쁘다고 들고 흔들며, 심지어는 아래위로 흔들어대기도 하고 요람에 올려놓고 계속 흔들어대기도 하는데 이런 행동을 하면 아이의 두뇌 발달에 심각한 영향을 미치게 된다.

총명한 아이로 키우고 싶으면 이런 일은 반드시 삼가야 한다. 백일이 되기 전까지는 운다고 너무 안아주지 말고 그냥 뉘여서 키우는 것이 가장 좋으며 백일이 지나면 조금씩 햇볕 좋고 바람 불지 않는 날을 선택하여 햇볕과 바람을 자주 쏘여주면 여러 가지 질병, 특히 감기를 예방할 수 있는 좋은 방법이다.

잘 때 아이에게 팔베개를 해주는 것은 좋지 않다. 아이는 열이 오르기 쉽고, 특히 머리로 열이 많이 오르기 때문에 아이의 머리는 항상 서늘하게 해주어야 하는데 엄마의 체온과 아이의 체온이 합해져서 머리가 더워져 두뇌 발달에 좋지 않기 때문이다. 콩으로 높지 않게 베개를 만들어 베면 가장 좋다.

눕히는 것도 한쪽으로만 눕히지 말고 좌우 교대로 눕히라고 되어 있다. 아이는 골격 발달이 완전하지 않고 한창 자라고 있는 시기이기 때문에 한쪽 방향으로만 눕히면 척추가 휘는 증상이 생길 수 있으며 척추가 휘면 심기가 쇠약해져서 놀라는 병이 생길 수 있고 성장하면서 측만증의 원인이 될 수 있으므로 좌우 돌려가며 눕혀야 한다.

한때 엎드려 재우는 것이 유행한 적이 있었는데 엎드려 재우는 것은 아이의 악관절이나 경추의 변형을 초래하고 심폐 기능 발달에 악영향을 끼치므로 반드시 금해야 한다. 서양의학에서도 소아돌연사 증후군의 원인 중 하나로 추측되고 있다.

아이의 의복에 대해서도 나오는데 너무 덥게 입히지 말 것을 당부하고 있다. 너무 덥게 입히면 아이의 혈맥과 피부가 손상되기 때문이다. 또한 새옷을 입히지 말고 장수하는 노인들의 옷을 뜯어서 옷을 해 입히라고 나오는데 무조건 새옷만 입히는 요즈음, 정말 새겨들어야 할 부분이다. 실제로 우리 조상들은 노인들의 면옷을 뜯어 아이를 입혔는데 이렇게 하면 아이가 장수하고 잔병이 없으며 복을 많이 받는다고 믿었다.

양자십법 養子十法

일요배난(一要背煖)

　첫째, 등을 따뜻하게 하고

이요두난(二要肚煖)

　둘째, 배를 따뜻하게 하며

삼요족난(三要足煖)

　셋째, 발을 따뜻하게 하고

사요두량(四要頭涼)

　넷째, 머리를 서늘하게 하고

오요심흉량(五要心胸涼)

　다섯째, 가슴을 서늘하게 하고

육요물견괴물(六要勿見怪物)

　여섯째, 괴상한 물건을 보이지 말며

칠비위상요온(七脾胃常要溫)

　일곱째, 비위는 늘 덥게 하고

팔체미정물변음유(八涕未定勿便飮乳)

여덟째, 울음이 그치기 전에 젖을 먹이지 말며

구물복경분주사(九勿服輕粉朱砂)

아홉째, 경분과 주사를 먹이지 말고

십소세욕(十少洗浴)

열째, 목욕은 자주 시키지 말아야 한다.

《동의보감(의학입문)》

등과 배와 발은 따뜻하게 해야 하며 머리와 가슴은 서늘하게 해 주어야 한다. 때문에 아주 추운 한겨울을 제외한 다른 시기에는 아이에게 모자를 씌워서는 안 된다. 머리는 모든 양기가 모여 발산되는 곳이며, 특히 아이는 음기보다 양기가 많아 양기를 잘 발산시켜 줘야 하기 때문이다. 양기가 발산되지 않으면 아이의 두뇌 발달에 좋지 않은 영향을 미칠 수 있다. 한겨울에도 얇은 면 소재의 모자를 씌워야지, 너무 두껍고 머리부터 얼굴 거의 다를 덮는 털모자 등은 씌우지 말아야 한다.

괴상한 물건을 보이지 말라고 되어 있다. 아이가 태어나면 아이는 보고 듣고 만지면서 두뇌를 발달시켜 나아간다. 마치 처음 산 컴퓨터에 새롭게 소프트웨어를 입력하듯 아이는 정보를 수집하여 이러한 정보를 바탕으로 평생을 살아가게 되는 것이다. 그중에서도 가장 중요하고 기본적인 정보를 돌 이전에 습득하게 되는데, 또한 가장 많은 정보를 습득하는 시기도 이때이다. 따라서 이 시기에 아이에게 무엇을 들려주고 무엇을 보여주며 무엇을 만질 수 있게 하는가는 상당히 중요한 의미를 지닌다.

괴상한 물건이란 무엇일까. 과거에는 기껏해야 칼, 알록달록하면서 화려한 물건들, 가면, 탈 등이었을 것이다. 그렇다면 현대에 괴상한 물건은 무엇일까. 아마도 옛날보다 현대에 아이에게 보여주면 안 될 괴상한 물건들이 훨씬 많이 있을 것이다.

이 시기에 아이에게 절대 보여줘선 안 될 것이 텔레비전이다. 미국 소아과학회는 '아이에게 텔레비전을 보여 주지 않아야 하며, 특히 2세 이하의 아이에게는 절대 보여 주지 않아야 한다'라고 권고하고 있다.

뇌 발달에 있어서 가장 중요한 것은 세상과의 교류이다. 2세 이하의 아이들은 여기저기 돌아다니며 직접 보고 만지는 경험을 통해 좋은 자극을 받게 된다. 그러나 텔레비전은 일방적으로 내용을 받아들여야 하는 수동적인 특성을 가진 매체이기 때문에 아무리 그것이 교육적인 내용이라 할지라도 텔레비전을 보는 것 자체가 아이의 언어나 지적 능력 발달을 방해하게 된다.

한때 유아용 텔레비전 프로그램이 선풍적인 인기를 끌었던 적이 있다. 이러한 프로그램은 상당히 중독성이 있어 아이들이 좋아하지만 언어를 비롯한 지적 능력 발달에 좋다는 근거는 없다.

교육용 컴퓨터 프로그램은 효과가 있지 않느냐고 반문하는 엄마들도 많지만 그간의 연구를 통해 밝혀진 바로는 효과가 그다지 높지 않다고 한다. 특히 영어를 가르치겠다고 영어로 된 프로그램을 아이에게 종일 보게 하는 것은 정말 위험한 일이다. 언어는 단편적인 내용을 반복해서 들려준다고 발달하는 것이 아니라 상황을 유추해 볼 수 있는 사고력이 바탕이 되어야 하기 때문이다. 이러한 반복 시청은 사고력마저 저해해 오히려 언어 발달을 늦추는 원인이 될 수 있다. 그 외에도 텔레비전이 가져다 주는 문제점은 많은데, 요약하면 다음과 같다.

1) 일방적인 소통을 하는 텔레비전을 자주 보게 되면 의사소통 방식을 제대로 배울 수 없다.

2) 텔레비전을 틀어놓는 동안 아이는 엄마와 애착을 형성할 기회를 잃어버려 정서 발달을 제대로 이룰 수 없다.

3) 텔레비전 화면이 바뀌는 속도가 너무 빨라 시각적으로 끊임없는 자극이 되는데, 이러한 강한 자극은 정서적으로 좋지 않다.

4) 아이가 폭력적이고 잔인한 장면을 보게 될 경우, 뇌 발달상 현실과 환상을 혼동하는 시기이기 때문에 이때 생긴 불안과 공포가 상당 기간 지속될 수 있다.

5) 무엇이든 모방하는 아이들은 텔레비전에서 본 것을 그대로 흉내 내기 쉽다. 자기가 모방하는 것이 무엇을 의미하는지, 무엇이 좋고 나쁜지 모른 채 폭력적인 장면을 모방할 수도 있다.

한국의 대부분 가정이 거실이나 안방에서 아이를 키우면서 아이의 머리맡에 항상 텔레비전을 켜놓고 있는데, 정말 삼가야 할 일이다. 비단 텔레비전뿐 아니라 부모의 싸우는 모습이나 소리, 욕하는 소리, 아이를 얼른다고 이상한 표정을 짓거나 가면을 쓰는 것, 기이한 외모를 가졌거나 행동을 하는 사람 등도 이 시기에는 아이에게 보여주지 않는 것이 좋다. 이렇게 하기 위해서는 아이 방을 따로 두는 것도 좋은 방법일 것이다.

다음 나오는 것이 목욕을 적게 시키는 것이라고 되어 있다. 물론 과거에는 난방도 여의치 않고 외풍도 세고 물을 따뜻하게 데우기도 쉽지 않기 때문이기도 하겠지만, 목욕을 너무 자주 시키는 것은 건강에 좋지 않다.

인체는 위기衛氣라는 자체적인 보호막을 가지고 있어서 이 위기가 땀구멍의 조절, 외부 사기에 대한 저항, 한열寒熱 조절 등의 역할을 맡고 있다. 너무 목욕을 자주 하게 되면 이 위기가 약해지는 결과를 초래하는데 이렇게 되면 면역 기능이 저하되면서 여러 가지 질병에 쉽게 노출되게 된다. 특히 겨울에는 3~4일에 한 번 정도로 씻기며 밤보다는 해가 있는 낮에 양지바른 곳에서 씻기고 그 외에는 가볍게 따뜻한 수건으로 얼굴 정도만 닦아주는 것이 좋다.

다음은 우리 조상들이 아이 키우는 데 가장 중요하다고 여겼던 내용을 요약한 노래이다.

養子須調護 看承莫縱弛

어린아이 기르는 데 조리 보호 필요하고,

알뜰하게 보살피되 뜻만 받아주지 마세.

乳多終損胃 食壅則傷脾

젖을 많이 먹고 나면 소화작용 잘못하여,

먹은 것이 체하여서 구토 설사 하기 쉽고.

被厚非爲益 衣單正所宜

덥게 입혀 좋을 것이 없고,

옷은 단정한 것이 좋네.

無風頻見日 寒暑順天時

바람 아니 불거들랑 햇빛 자주 보여주고,

차게 하고 덥게 하는 것은 시절에 따라 맞게 하리.

《동의보감(의학입문)》

어떻게 가르치면 좋은가

陳亢이 問於 伯魚曰 子亦有異聞乎아

對曰 未也로라 嘗獨立이어시늘 鯉趨而過庭이러니 曰 學詩乎아 對

曰 未也로이다 不學詩면 無以言이라 하여시늘 鯉退而學詩호라

他日에 又獨立이어시늘 鯉趨而過庭이러니 曰 學禮乎아 對曰 未也

로이다 不學禮면 無以立이라 하여시늘 鯉退而 學禮乎라 聞斯二者

로라

陳亢이 退而喜曰 問一得三하니 聞詩聞禮하고 又聞君子之遠其子也

로라

≪논어論語≫ 계씨季氏

《논어論語》는 공자孔子의 언행과 제자들과의 문답을 정리한 책이다.
공자는 춘추시대 노나라 사람으로 유가儒家의 시조이며 중국 최고의
성인으로 추앙받는 분이다. 제자가 3천 명이었는데 그중에 육예六藝
에 통달한 자가 72명이었다.

《논어》를 보면 공자님께서는 제자를 가르치심에 한 치의 어긋남도 없으며 그 그릇에 맞게 때론 격려하고 때론 추상 같은 불호령으로 제자를 가르치셨다. 예를 들면 낮에 잠시 졸고 있는 제자 재여宰 予에게 "썩은 나무에는 조각할 수 없고, 거름 흙으로 된 담장은 흙손질 할 수 없다. 내가 재여에 대하여 꾸짖을 것이 있겠는가?"(朽木 不可雕也요 糞土之墻은 不可杇也니 於予與에 何誅리요. 논어 공야장公冶長) 라고 엄하게 질책하는 부분이 나온다. 쉽게 말해 썩은 나무나 거름 흙으로 만든 담장처럼 쓸모없고 어찌 손댈 수도 없으니 가르쳐봐야 가망이 없다는 뜻이다.

이 외에도 《논어》에는 제자들이 나태해지거나, 혹은 교만하거나, 혹은 가르침이 부족하거나, 혹은 너무 앞서 나갈 때 공자님은 엄격한 가르침으로 제자들을 바로잡아 주시는 부분이 많이 보인다.

그렇다면 이처럼 훌륭하신 성인께서는 자녀교육을 어떻게 하셨을까? 부분적이나마 그 내용을 엿볼 수 있는 구절이 앞서 인용해본 구절이다.

진항이라는 사람이 공자님은 어떻게 자녀를 가르치시는지, 또 다른 제자들과는 달리 자식에게만 특별한 가르침을 주시는 것이 있는지 궁금했던 모양이다. 그래서 공자님의 아들인 리鯉(자字는 백어伯魚)에게 물어보았다.

"그대는 (아버지로부터) 특이한 가르침을 받은 것이 있는가?"

그러자 백어가 대답하였다.

"없습니다. 일찍이 홀로 서 계실 때 제가 종종걸음으로(아버지 앞을 지나면서 약간 몸을 숙이고 공손하게 빠른 걸음으로 걷는 것을 의미) 뜰을 지나는데 '시詩를 배웠느냐?' 하고 물으시기에 '아직 배우지 못하였습니다'라고 대답하였더니 '시를 배우지 않으면 말을 할 수 없다' 하시므로 내가 물러가 시를 배웠습니다. 다른 날에 또 홀로 서 계실 때에 내가 종종걸음으로 뜰을 지나는데 '예禮를 배웠느냐?' 하고 물으시기에 '아직 배우지 못하였습니다' 하고 대답하였더니 '예를 배우지 못하면 설 수 없다' 하시므로 내가 물러나와 예를 배웠습니다. 이 두 가지밖에 듣지 못하였습니다."

그러자 진항이 감탄하며 말하였다.

"하나를 물어서 셋을 들었으니, 시詩를 듣고 예禮를 들었으며 또 군자가 그 아들을 멀리하는 것을 들었노라!"

성인의 자식교육이 이러하다. 부모의 욕심이 자식에게 그릇된 가르침을 줄지, 자식에 대한 과한 집착으로 자식이 감당하기 어려운 요구를 하는 것은 아닌지, 자식에 대한 사랑이 지나쳐 자녀의 옳고 그름을 잘못 판단하는 것은 아닌지 등의 이유로 자녀에게 직접적인 가르침을 주는 것을 멀리했다. 대신 먼저 수신修身의 도리로 자신을 먼저 바로 세웠고 제가齊家의 도리로 집안을 가지런히 하였다. 그리고 훌륭한 스승이 있으면 가르침을 받도록 하였다.

물론 자녀에 관심을 두지 말고 학원이나 보내고. 아니면 좋은 과외 선생님이나 구해주는 것이 부모의 도리는 아닐 것이다. 먼저 자신을 바로 세워 자녀의 모범이 되고, 집안을 화평하게 하여 자녀들이 마음의 안정을 가질 수 있도록 하는 것이 부모로서 힘써야 할 가장 첫 번째 의무이며, 자녀가 스스로 판단하고 스스로 생각할 수 있도록 옆에서 지켜봐 주고 지나친 간섭은 하지 않는 것이 필요하다.

사랑이란 이름으로 하나부터 열까지 모든 것을 가르치려 들고 아침부터 저녁까지 모든 것을 간섭하고 잔소리를 늘어놓는 부모라면 한번쯤 공자님의 가르침을 깊이 새겨볼 일이다. 만약 공자님께서 꾸짖듯 리鯉에게 "넌 구제불능이니 꾸짖을 가치도 없다"고 자주 질책하셨으면 어떻게 되었을까? 리鯉는 깊이 반성하고 더욱 열심히 학문에 힘썼을까? 아니면 가르침이 오히려 깊은 상처가 되어 자신을 가치 없는 인간으로 여긴 채 살아가게 되었을까?

한의원에 가끔 아이들을 데리고 오는 부모 중 자녀의 한 가지도 놓치지 않고 지적을 하는 부모들이 있다. 자녀가 머리를 긁적거리면 "머리 긁지 마!", 자녀가 의자에 앉으면 바로 "똑바로 앉아!", 호기심에 진료실 책상 위의 만년필이라도 만지면 역시 바로 "만지지 마!" 등등 세세한 부분까지 지적하고 바로잡으려 드는 부모들이 있다.

"괜찮습니다. 그냥 놓아 두십시요"라고 얘기를 해도 아랑곳하지 않고 지적은 그치지 않는다. "너 올해 몇 학년이니?"라고 물어보면 자녀가 대답하기도 전에 바로 "'삼 학년이요'라고 해야지!"라고 앞서 대답한다.

이런 부모 밑의 아이들은 예외 없이 산만하거나 감정적으로 억압되어 있거나 자신의 의사를 잘 표현하지 못하며 틱장애를 가지고 있는 경우가 많다.

자녀를 사랑하는 부모의 마음에 어찌 거짓이 있을 수 있겠는가? 하지만 우리가 아이들을 교육하고 이끌어 나갈 때 감정이 개입이 되는 경우가 없는지 잘 반성해 보아야 한다.

아이를 순수하게 꾸짖는 것인지, 아니면 자신이 화를 내고 있는 것인지 잘 살펴볼 일이다. 또 지금 현재의 순간에 충실하는 것이 아닌 과거의 기억(자식에 대한, 그리고 정말 중요한 것은 자신의 과거에 대한 기억)에 의존하거나, 아니면 확실하지도 않는 미래에 빗대어 아이들을 다스리는 것이 아닌지 정말 돌이켜보아야 한다. 예를 들어 아이들이 말을 듣지 않거나 정해진 과제를 충실히 해내지 못할 경우, 준비물을 빼먹거나 친구들과 다툴 경우 등을 가정해 보자.

우리는 주어진 상황, 현재에 충실한 것이 아니라 자신의 감정에 더 치우치게 된다.

'내가 몇 번을 말했는데…… 쟤는 내 말을 무시하는 게 분명해. 내가 우습게 보이는 모양이지?'

'지난번에도 그런 행동을 했는데 또 이런 행동을 하는 것은 더 나쁜 일이야. 정말 가만히 있을 수 없어.'

'쟤가 하는 행동으로 보아 미래가 뻔해. 쟤는 쓸모없는 사람이 될 거야. 가만히 있어서는 안 돼!'

이렇게 되면 상황에 충실해서 아이를 타이르는 것이 아니라 감정, 특히 화가 일어나면서 언행이 거칠어지고 소리를 지르게 되고 심하면 체벌까지 하게 되는 것이다.

여기에 과거 부모에게 잦은 꾸지람이나 체벌을 받은 기억이 있거나 과거 실패와 좌절을 겪은 경험이 있는 경우, 과거 남에게 심한 상처를 받은 경험이 있는 경우 등 자신의 과거가 오버랩되면서 감정이 더욱 증폭되면서 이것은 사랑이란 감정이 분노와 집착으로 변질되면서 감수성이 예민한 아이에게 지울 수 없는 상처를 남기게 되는 것이다.

부모의 화가 아이에게 얼마나 많은 심각한 정신적인 상처를 남기는지는 여러 연구에서 밝혀져 왔다.

스트라우스Murray straus는 1994년 그의 저서에서 매를 맞고 자란 아이는 그렇지 않은 아이들보다 청소년기에 우울증을 더 많이 앓는다고 보고했다. 부모가 화를 낼 때 '너는 나빠'라는 메시지를 너무 자주 전달하기 때문에 아이들이 자아 정체성을 형성하기도 전에 자신이 그렇다고 믿어버리기 때문이다.

그런 아이들이 성인이 되면 세상에 대해 바라는 것이 거의 없다. 자신은 사랑도 성공도 행복도 가질 자격이 없다고 믿기 때문이다. 또, 무기력감과 '될 대로 되라'는 감정에 휩싸여 스스로 아무것도 할 수 없는 상태에 빠지게 되거나 사회생활에 있어 낮은 성취도를 나타내게 되며 심한 소외감으로 성인이 되어서도 대인관계에 심각한 장애를 보이게 된다고 밝히고 있다.

이 외에도 여러 연구에서 어릴 적 잦은 체벌이나 꾸지람, 언어폭력(우리가 자녀를 꾸짖을 때 쉽게 할 수 있는 말들, 예를 들면 "넌 왜 그 모양이니", "넌 도대체 똑바로 하는 게 없어", "넌 왜 잠시도 가만히 있지 못하니", "정신을 어디다 팔고 다니니") 등을 경험한 자녀들이 커서 배우자와의 관계도 원활하지 못하고 직장과 경제적 성취도도 낮으며 강박신경증, 우울증 등에 걸리기 쉽다는 많은 연구결과가 나오고 있다.

부모가 아이를 위협하고 을러서 말을 잘 듣게 되면 아이가 배우는 유일한 교훈은 "하지 마! 안 그러면 맞는다"라는 것뿐이다. 그러면 아이는 타인을 통제하는 방법으로 이러한 것들을 사용하게 될 뿐이다.

살아가는 모습으로
자식을 가르치는 부모

　지금까지 한방의학적 관점에서 간과해서는 안 될 담음과 서양의학적 관점에서 반드시 알아두어야 할 저혈당에 중점을 두어 알아보았다. 또한 날씬한 엄마가 되기 위해 몸과 마음을 어떻게 다스려야 하는지, 그리고 총명한 우리 아이들을 위해 엄마가 알아야 할 것들, 또한 아이와 첫 만남을 위해 임신 순간부터 알아야 할 것 등도 알아보았다.

　이 책에서 내가 말하고자 했던 것은 간단하다. 기본이 가장 중요하다는 것이다.

　아이를 바로 길러내기 위해서는 내가 먼저 바로 서야 한다는 것, 나를 먼저 돌아보는 마음이 아이를 가르치는 기본 중에 기본이다. 그리고 태교는 아이와 처음 만남을 준비하는 기본 중에 기본이다. 또한 식생활에서는 내가 날씬해지고 건강해지는 것을 아이에게 먹이는 것이 기본 중에 기본이다.

　모든 일은 기본이 가장 어려운 법이다. 하지만 이러한 기본을 잘

하면 테크닉은 저절로 나온다. 오히려 쉽게 날씬한 엄마가 되고 총명한 아이로 키울 수 있다는 것이다.

우리들의 뜨거운 모성을 유행이 아닌 기본으로 돌려놓는 일, 그것이 진정한 당신의 모습이라고 나는 생각한다. 그래서 강조하고 또 강조한 것이다. 기본이 충실해지면 뜨겁게 살아가는 법은 잔소리하지 않아도 저절로 실천에 옮겨진다. 강조한 것처럼 다이어트와 두뇌 개발이 한 뿌리에서 자란 꽃과 열매이기에.

이전에 당신 수첩에 적혀 있던 아이들의 학원 스케줄과 시험 시간표 말고 우리 아이들이 먹어야 할 것과 주의해야 할 것들, 그리고 내 마음을 다스릴 수 있는 좋은 격언 한 구절로 내용이 바뀌어 있기를 기대해 본다. 더 이상은 학습 컨설턴트가 아닌 우리 가족들의 건강한 인생을 책임질 엄마로 그대 역시 바뀌어 있기를 더욱더 기대해 본다.

부모란 살아가는 뒷모습으로 자식을 가르치고 그 걸어간 발자국

으로 자식에게 이정표를 남기는 존재들이 아닌가. 뜨거운 열정으로
삶과 아이들을 사랑하는 그대, 내 아이들의 어머니요 내 아름다운
아내, 그대들을 언제나 응원한다.